真・チャート分析大全

小次郎講師流

テクニカル指標が持つ「意味」を真に学び、
状況に応じて奥義を使いこなせる達人を目指す

冷静かつ最適なトレード判断を下すための普遍的指南書

著 小次郎講師／神藤将男

CHART ANALYSIS
王道の
テクニカル
&
中間波動
編
COMPENDIUM

JN194206

PanRolling

まえがき

　皆さん、こんにちは。私は小次郎講師と申します。45年間、投資教育に身を捧げ、多くの投資家と共に歩んできました。今回、私が手掛けた『真・チャート分析大全』の続編をお届けできることを、大変うれしく思っています。これまでの経験と知識をすべて注ぎ込み、皆さんにとって価値のある一冊となるよう努力しました。

　人生100年時代を迎えた現在、私たちはこれまで以上に長い時間を生きる可能性があります。その中で、投資は単なる資産運用の手段ではなく、人生を豊かに、そして安心して生きるための重要なスキルとなっています。私が45年もの間、投資教育に携わってきた理由は、投資が単なるお金儲けの手段ではなく、人生を切り開く力を持っていると確信しているからです。

　特に、チャート分析は私の投資人生を支えてきた重要なツールでした。初めてチャート分析に出合ったとき、その魅力に引き込まれた私は、その後、研究を重ね、日々の市場の動きを読み解く力を徐々に身につけていきました。

　例えば、リーマンショックの直前、「市場の異常な動きに対して、私のチャート分析は警鐘を鳴らしていたこと。その分析を信じて行動したところ、リスクを早期に回避できたこと」は、チャート分析のすごさを感じた顕著なエピソードと言えます。

　もちろん、これは、勘や感覚といった類いの話ではありません。"チャートが持つ客観的な力によってリスクを避けることができた"という話です。この経験によって、投資において、いかに分析と知識が重要であるかを痛感させられました。

この本では、私が45年間培ってきたチャート分析の技術と、その背後にある哲学を余すところなくお伝えしています。チャート分析は難しそうに見えるかもしれませんが、実は、誰にでも習得できる力です。

　私たちの人生には、学ぶべきことが多くありますが、その中で投資とチャート分析は、未来をより明るく、確実なものにするための重要なツールであると確信しています。

　この本は、私と私が信頼するテクニカルアナリスト神藤将男氏と二人で作り上げました。神藤将男氏は「中間波動」という非常に重要なテーマでありながら、今まで誰も突きつめてこなかった分野を独自に切り開き、新しい視点でチャート分析を一段階レベルアップさせました。中間波動を学べることがこの本の大きなメリットだと自信を持っています。

　これからこの本を通じて、皆さんがチャート分析の魅力に触れ、投資の成功への道を歩み始めることを心から願っています。共に未来を切り開きましょう。投資の旅路は、新しい発見と可能性で、常に満ちています。

小次郎講師

まえがき ── 2

第1章　ダウ理論　11

1）チャートはすべての材料を織り込んでいる

2）サイクルは3種類ある

3）トレンドの基本は3段上げ

4）トレンドの判断は複数の市場で確認すべき

5）トレンドの変化は出来高でも確認されなければならない

6）トレンドは明確な終わりのシグナルが出るまで継続する

第2章　エリオット波動　23

1）波動とはどういうものか

2）相場の波の典型的パターンとは

3）大きな波動の中の小さな波動

4）世にも不思議な数列との関係

5）黄金比率が相場に自然と出現してくる

第3章　フィボナッチ　35

第4章　ピボット（PIVOT）

第1節　抵抗線や支持線として機能するピボット ── 42

　1）デイトレード専用のインジケーター

　2）基本を押さえる

第2節　計算式の意味を知る ── 46

　1）ピボットの計算式について

2）ピボットと上下6本の線でできている

3）終値について考察する

4）4種類の「中心」の捉え方

5）ピボットの計算式を読み解く

第3節　トレンドに合わせて、抵抗帯や支持帯を見極め、行動する ───── 62

1）トレンドは2種類、細分化すると5種類に分かれる

2）もみ合い相場での考え方　〜S1とR1〜

3）安定的な上昇＆下降相場（標準相場）での考え方　〜S2とR2〜

4）加速相場での考え方　〜S3とR3〜

第4節　ピボットを使ったトレード ───────────────── 72

1）ピボットの意味と仕掛け方

2）反動相場での仕掛けの例

3）標準相場での仕掛けの例

4）ブレイク相場での仕掛けの例

第5章　ピボットを改良した小次郎講師流「コジピボ」 81

1）瞬発力が必要なデイトレードで効果を発揮

2）前日終値と6本の線で構成するコジピボ

3）コジピボのトレードポイント

4）仕掛け前には準備が肝心

5）3つの手仕舞い戦略

6）デイトレ指数で銘柄を見極める

7）時間帯を見ながらトレード

8）FXと先物をトレードするときに注意したいこと

9）値動きのパターンは144通り

第6章　トレンドライン&チャネルライン

1）トレンドの継続性

2）トレンドラインの引き方

3）チャネルラインの引き方

4）トレンドライン、チャネルラインの応用

第7章　トレンドの初動を見つける「中間波動」

第1節　中間波動とは ──────────────────── 112

　1）概要

　2）中間波動に注目する理由

第2節　トレンド相場と中間波動 ──────────────── 117

　1）波動を理解する

　2）トレンド相場と中間波動の関係について

第3節　トライアングルを理解する ─────────────── 124

第4節　トレンド継続のときに出やすい、中間波動のパターン ───── 130

　1）トレンド継続パターン①：トライアングル

　2）トレンド継続パターン②：ペナント

　3）トレンド継続パターン③：フラッグ

　4）トレンド継続パターン④：ウェッジ

　5）トレンド継続パターン⑤：ボックス

　6）トレンド継続パターン⑥：中段ダイヤモンド

　7）トレンド継続パターン⑦：中段三尊

第5節　トレンド転換のときに出やすい、中間波動のパターン ───── 145

　1）トレンド転換パターン①：V

　2）トレンド転換パターン②：「W」

3）トレンド転換パターン③：三尊・逆三尊

4）トレンド転換パターン④：ダイヤモンド

5）トレンド転換パターン⑤：ブロードニング

6）トレンド転換パターン⑥：アイランド

7）トレンド転換パターン⑦：ダイアゴナルトライアングル

第6節　フラクタルから中間波動を活用する ——————————— 172

第7節　まとめ ——————————————————————— 178

コラム	トレンド継続波動の「フラッグ」「ウェッジ」は「3」と「5」が大事	138
コラム	ダブルボトムの考察　その1	150
コラム	ダブルボトムの考察　その2　〜サイクル〜	153

第8章　出来高と価格帯別出来高

第1節　出来高の意味するもの ——————————————— 186

1）出来高とは

2）出来高からわかること

3）上昇相場での出来高の意味

4）下降相場での出来高の意味

第2節　予兆は出来高に現れる ——————————————— 192

1）もみ合い終了には予兆がある

2）トレンド発生の予兆を見逃すな

第3節　ダマシのサインを見抜く ——————————————— 194

第4節　価格帯出別来高について ——————————————— 196

1）価格帯別出来高という考え方

2）価格帯別出来高の性質

3）価格帯別出来高と価格の関係

4）価格帯別出来高のもうひとつの見方

5）3つの価格帯別出来高を使いこなす

第9章　DMI & ADX

第1節　相場の強弱とトレンドがわかる、DMI&ADX ——— 210

1）オシレーター系でありながらトレンドの確認に有効

2）3本の基本線と補助線

第2節　DMI & ADXの見方 ——— 214

1）「買い時代」と「売り時代」の到来を±DIで探る

2）トレンドの発生（勢いの有無）をADXで探る

第3節　DMI&ADXの計算式 ——— 218

1）DMを求める

2）TRで価格変動リスクを数値化し、±DIを求める

3）ADXを求める

第4節　仕掛けと手仕舞い ——— 227

第10章　パラボリックSAR

第1節　分析法は簡単 ——— 232

1）ドテンのためのシステム＝パラボリックSAR

2）トレーリングストップの進化形としてのパラボリックSAR

第2節　パラボリックのルールと弱点 ——— 238

1）パラボリックのルール

2）パラボリックSARの売買ポイント

3）ドテンのタイミング

4）実例紹介

第3節　パラボリックSARの計算式を知る ——————————— 243

　　1）「初日（1本目）」と「2日目（2本目）以降」の計算式がある

　　2）パラボリックSARの計算式から導き出されるドテンシグナル

　　3）初日の計算式の考え方

　　4）2日目以降の計算式の考え方

　　5）加速係数について

第4節　「パラボリックSAR」はトレーリングストップの進化版として使う —— 257

　　1）パラボリック＝進化したトレーリングストップ

　　2）パラボリックのストップ

　　3）チャート上の鬼ごっこ

　　4）具体的な計算例

　　5）同じチャートを異なる視点から見ると……

　　6）パラメーターを調整してサインの出し方を変える

第11章　移動平均線大循環分析を深化した「3×3分割投資法」

第1節　初級編 ——————————————————————— 274

　　1）リスクを軽減できるメリット

　　2）1段上げの相場を獲る

　　3）無視できないリスク（デメリット）

　　4）3×3分割投資法の仕掛けと手仕舞い

第2節　中級編 ——————————————————————— 290

　　1）もみ合い放れの仕掛け

　　2）3×3分割投資法をより深く理解する　～推進波や訂正波～

第3節　上級編＆応用編 ——————————————————— 298

　　1）上級編について

　　2）応用編について

第12章　一目均衡表　上級編

第1節　一目均衡表の概要 ——————————————————— 306

1）単純なものにこそ真理がある

2）相場は予想するものではなく予測するものである

3）一目均衡表の構図

4）一目均衡表での「相場水準」とは「半値」を指す

第2節　5つの線のポイント ————————————————— 313

1）一目均衡表の各線の役割

2）転換線について

3）基準線について

4）均衡表の好転と逆転について

5）遅行スパンについて

6）まとめ：一目均衡表の基本的な買いサイン・売りサイン

第3節　一目均衡表の基本数値 ————————————————— 328

1）基本数値

2）その他の基本数値

3）1年の値動きの中心は翌年の真ん中に印をつける

4）変化日を求める

第4節　相場水準から見た、一目均衡表の捉え方 ——————————— 336

1）相場水準

2）一目均衡表の1日には100日分のデータが入っている

3）トレンド相場ともみ合い相場

第5節　一目均衡表基本図 ————————————————————— 345

1）一目均衡表の極意は三位一体にあり

2）一目均衡表の波動論

3）一目均衡表の時間論

4）一目均衡表の価格変動論

5）まとめ

あとがき ——————————————————————————————— 363

第1章

ダウ理論

『ダウ理論』はチャート分析を用いるトレーダー、投資家にとって知っておくべき基礎的な知識ですが、正しく理解している人は意外と少ないのも事実です。

ダウ理論を生み出したチャールズ・ダウは、今から170年以上も前に米国コネチカット州のスターリングで生まれています。1851年のことでした。

新聞記者を経てウォールストリートジャーナル紙を創刊。その後にダウ・ジョーンズ社を設立し、ニューヨーク（NY）・ダウと呼ばれる平均株価の算出方法を考案したことでも、チャールズ・ダウは有名です。NYダウの"ダウ"はこの人の名前に由来しており、現在の投資業界の功労者のひとりに数えられます。

また、世界で最初にチャート分析を体系化したのも彼です。それがダウ理論と呼ばれるものです。ダウ理論については、エッセンスを紹介するだけでも多くの紙幅を必要とするほど深い内容を含んでいます。そこで本章では、その中でも最重要のポイントに絞って説明します。

1）チャートはすべての材料を織り込んでいる

チャートを見れば、ファンダメンタルズ、いわゆる"材料"をほとんど見なくても、ある程度の相場分析ができます。もちろん、「価格が上がる材料（下がる材料）にどのようなものがあるか」を分析すること自体は大事なことです。大事なことですが、世の中にはそのような材料があふれていますから、すべてを網羅することはほぼ不可能です。

そこで登場するのがチャートです。なぜなら、すべての材料はチャートに織り込まれているからです。私たちが詳しく知らない情報だとしても、それが値上がりする材料であれば、チャートは上昇カーブを描きます。下がる材料ならばチャートも下降線をたどります。ダウはその事実を提唱したのです。

2) サイクルは3種類ある

上昇トレンドは、高値を切り上げ、安値も切り上げていきます。下降トレンドは、高値を切り下げ、安値も切り下げていくのです。どんなトレンドでも波打ちながら上昇し、波打ちながら下降します。その目先の天井と底が切り上がっているのが上昇トレンド、切り下がっているのが下降トレンドです。実はこれを最初に定義したのもダウなのです。

そして、このトレンドが循環する「サイクル」は3種類あるとも言っています。

まずは「主要トレンド」です。この主要トレンドは、非常に大きなものであれば1年から数年のサイクル。そこまでに達しない「サブトレンド」は3週間から3カ月のサイクル。そして「小さなトレンド」は3週間未満のサイクルです。この3つのサイクルが循環しながらチャートを形成するのです。

ちなみに、私たちが「トレンドを獲る」というときは、3週間くらいのサイクルであることが少なくありません。ただし、かつては3カ月、あるいは数年といった長いトレンドをとるような投資が一般的だったのです。

◆図1

主要トレンド	1年から数年のサイクル
サブトレンド	3週間から3カ月のサイクル
小さなトレンド	3週間未満のサイクル

3）トレンドの基本は3段上げ

「上昇トレンド、下降トレンドは3段階からなる」とダウは言っています。「3段上げ」という言葉はよく耳にするはずです。実は日本でも古来、『3段上げ』は相場分析に利用されてきました。この「なぜ『3段上げ』になるのか？」を世界で初めて理論的に解明したのがダウなのです。

最初に上がっていくのは早耳筋の買いといいます。ある会社の情報をよく知っている人の中で、何かの事件が起こった場合、いち早くその情報を握った人が最初に買います。それが1段目の上げです。実は、この1段目の上げのときに何の情報も握っていない私たちでも、チャートを見ていれば「何かが起こっているな」と察知することはできます。これは、先述の「チャートはすべての材料を織り込んでいる」ことにもつながります。

さて、1段目の上げの後に『価格が動いた』事実を知って、優秀なトレンドフォロワーが「これは何かが起こっていたに違いない」と気づき、そこから追いかけて買っていくことで2段目の上げになります。それができるのはプロの投資家が大半です。高度なチャート分析に基づいて類推しているのです。

3段目の上げは一般投資家の買いです。例えば「ドル円が大きく動き出した」とか、「この会社の株が上がっている」とか、すでに2段上がっている時点での情報を、新聞や雑誌の特集記事から得て初めて買います。実はこの時点では、1段目、2段目で買っているトレーダーはもう利益確定をしている状況です。

とはいえ、一般投資家の買いは、もちろん一番大きなインパクトが

◆図2

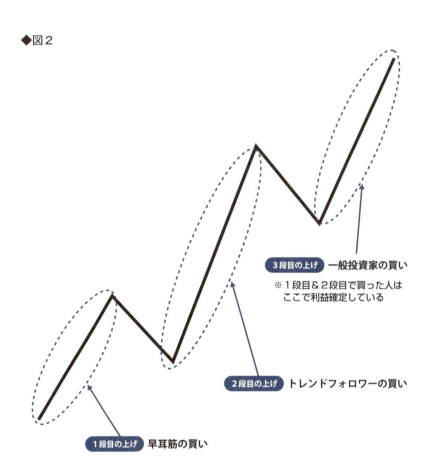

15

あるので、そこからさらに大きく上げる相場も珍しくありません。し
かし、すでに1段目、2段目で買ったトレーダーが利益を確定したと
したら、遅かれ早かれ「もう高いな」という思惑が出てくるはずです。
実際に下げ始めてくると、一般投資家はその下げに対して我慢ができ
ませんから大慌てで売ってきます。これを『狼狽売り』と言います。
通常の売りなら、価格は下がることは下がりますが、暴落まではしま
せん。しかし、いったん狼狽売りが出ると「もう、どうしよう！」「他
人に先んじて売らなければ」という格好で大量の売りが出てきます。
しかも「どんな価格でもいいから売りたい！」という成行の売りです
から、暴落は不可避です。

　以上が、上げ相場が3段で終わる理屈です。上昇相場終焉の典型パ
ターンと言えるでしょう。チャートを見れば、この3段上げのパター
ンはいくらでも発見できます。3段上げを見つけたときには、「ここ
は一般投資家が買っている」という視点を持つことがとても大切にな
ります。

4）トレンドの判断は複数の市場で確認すべき

　ひとつのチャートを見ているだけでは「トレンドが始まったか」「継
続しているか」「それとも終わったのか」を正しく判断できない場合
があります。そこで、連動している市場があることに着目します。

　具体的には、「株式」「為替」「コモディティ」「債券」の価格に注目
します。なぜなら、これらの価格は連動しているからです（図3）。

　例えば、為替が大幅に円安になると、輸出企業の多い日本の株式は
一般的に上昇します。逆に為替が円高になると、日本株は下がりやす
くなる傾向があります。

　このように世界の株式と為替の関係には、国ごとにさまざまな影響
があります。コモディティ・債券も同様です。

◆図3

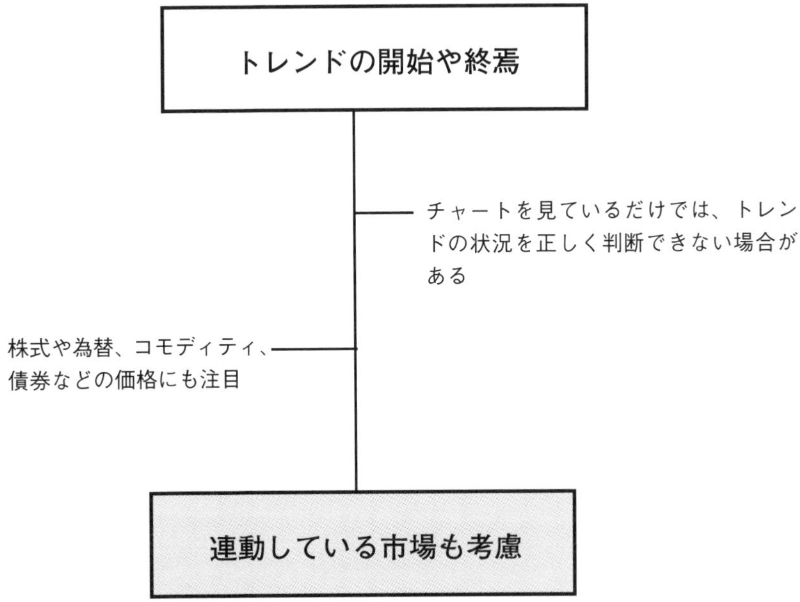

```
┌─────────────────────────────┐
│      トレンドの開始や終焉      │
└─────────────────────────────┘
              │
              ├── チャートを見ているだけでは、トレン
              │    ドの状況を正しく判断できない場合が
              │    ある
              │
株式や為替、コモディティ、──┤
債券などの価格にも注目      │
              │
┌─────────────────────────────┐
│      連動している市場も考慮      │
└─────────────────────────────┘
```

例1：円高や円安の影響
輸出企業が多い日本では、円安になると景気が上向くため、
一般的に株式が上昇する

例2：金利の影響
金利が上がると、一般的に、金利が上昇した国の通貨が買
われやすくなる（2023年ごろのドル円など）

例3：資源等の影響
資源国のオーストラリアでは、金などのコモディティの価
格が上がると、（豪ドルが）買われやすくなる

例えば、オーストラリアには鉱山関係のビジネスがたくさんありま
す。ですから、金などのコモディティの価格が上がると豪ドルは買わ
れやすくなります。

　また、世界各国の株式市場も連動していることがわかります。2008
年には「リーマンショック」と呼ばれる株価暴落がありました。それ
に次ぐ大きな暴落は2015年の「チャイナショック」です。こういう
大きな動きのとき、世界の株価を比較すると、世界が連動している様
子がよくわかります（総合法令出版『世界一わかりやすい投資の勝ち
方　〜チャートメンタルズ分析〜』より引用）。

　ファンダメンタルズ分析では、より多くの材料を見なければなりま
せん。しかし、先述したように、チャート分析なら、いくつかの株式
市場、為替、コモディティ、債券などの動向を一目で把握することが
できるのです。

5）トレンドの変化は出来高でも確認されなければならない

　チャート上で出来高が急増しているところを探してみましょう（図
4）。そういうところでは、トレンドの始まりと終わりが頻繁に見ら
れます。出来高、つまり取引量が急増するのは、買いと売りの勢力が
激しく競り合いを続けているためです。それ以降のチャートを見れば、
どちらに軍配が上がったかがわかります。

　上昇トレンドの最中に、売りの勢力に負けず買いの勢力が力を維持
すれば、上昇トレンドは続きますし、負けてしまえばそこでトレンド
が終わってしまうということです。

6）トレンドは明確な終わりのシグナルが出るまで継続する

　トレンドフォローは、小次郎講師流チャート分析における投資の基

◆図4

(画像提供):TradingView

◆図5　上昇トレンドの終了

上昇トレンドの定義を「高値の切り上げ＆安値の切り上げ」とするなら、前回（もしくは直近）の安値を下回った時点でトレンド終了と判断する

◆図6　下降トレンドの終了

下降トレンドの定義を「高値の切り下げ＆安値の切り下げ」とするなら、前回（もしくは直近）の高値を上回った時点でトレンド終了と判断する

本です。上昇トレンドがあればフォローして買う、下降トレンド中であれば売ります。これは、**トレンドには継続する性質がある**からです。

　今あるトレンドもいつかは終わります。しかし、終わりが明日か明後日か、その確率を天秤にかければ、より短期では継続する性質のほうが色濃く見られます。

　日本人は逆張りが好きと言われます。上昇トレンドを見たら売りたくなる、下降トレンドでは買いたくなるトレーダーが多いのです。これは見方を変えると、大きな失敗をしやすくなるとも言えます。十分に注意が必要です。

　では、「いつトレンドが終わった」と判断するのでしょうか。それにもチャート上に出てくる明確なシグナルを見つけます。

　それは、高値を切り上げ、安値も切り上げる上昇トレンドのチャートが、いつしか高値を更新しなくなり、安値も下がってきた場合です（図5＆図6＆図7参照）。下降トレンドでは、安値を更新しなくなり、高値も上がってきたときです。

　逆に言えば、そういったシグナルが出てくるまではトレンドは継続していることになります。その最中に「もうそろそろこのくらいの利益で十分」といって利益を確定してしまうのは初心者です。価格がどこまで上がるか（下がるか）は誰にもわかりません。明確なトレンド終了のシグナルが出るまではポジションを持ち続けるのがチャート分析の上級者です。

　こういったことを150年以上も前に、チャールズ・ダウが理論を打ち立てて提唱していた事実を知ると驚きを禁じ得ません。

◆図7 トレンドの終了の実例

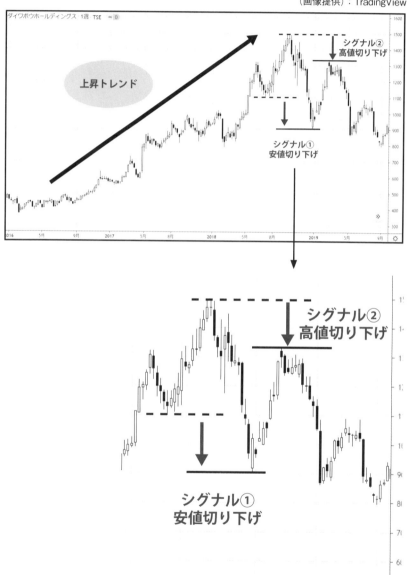

第2章

エリオット波動

エリオット波動は、ダウ理論などと並ぶ、チャート分析の世界では原点的な手法です。1930年代に発表され、チャート分析の基本中の基本とされます。

「エリオット波動だけを知っていればよい」ということではありませんが、少なくともエリオット波動の基本はきちんと学ぶ必要があります。エリオット波動はそういう位置づけのテクニカル指標です。

1）波動とはどういうものか

例えば、上昇トレンドは一本調子で直線的に上昇することはありません。下降トレンドも同様で、一直線の下降にはなりません。上昇するときにも上げ下げを繰り返し、波打ちながら上がっていきます。下降するときにも上げ下げしながら波打って下がっていくのです。そういう動きを「波動」、英語では「ウェーブ」という言い方をします。波動という言葉を相場の世界で最初に使ったのがラルフ・ネルソン・エリオットです。

エリオットは、元々は会計士でした。会計士でありつつ相場もやっていました。

しかし、あるとき病気にかかり、入院することになった関係で会計士の仕事ができなかったときに「相場で儲けよう」と思いつき、それからは相場のことをずっと考えていました。

その病院の側には海があり、浜辺に寄せては返す波を見ていました。その寄せては返す波を見て、これが相場の動きにそっくりだということに気がついたのです。「エリオット波動」という名前はそこに根ざしています。

しかし、ただ寄せては返すだけでは相場の動きにそっくりとは言えません。寄せては返しながらも満潮になったり干潮になったりします。

満ち潮、引き潮です。寄せては返しながらも潮の量がだんだん増えていく、あるいはだんだん減っていく。こういった動きが相場と一緒だと気づいたのです。波動理論の原点を垣間見る気持ちにさせられませんか。

その典型的な波の動きが相場の中にあるのです。

２）相場の波の典型的パターンとは

図1は、エリオット波動を説明するのに最適な上昇トレンドを示したものです。

◆図1

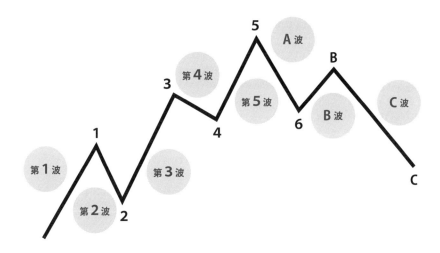

上昇するときは1～5波の合計5波を伴い、押し目をつけて下がる（下降）ときはA、B、Cの3波で構成されます。「上昇5波・下降3波」をひとつの形とし、そのあとも「上昇5波・下降3波」を繰り返して、どんどん上昇していきます。これが、上昇相場の基本形、そしてエリオット波動の基本形です。

　株式などは、戦後ずっと成長を維持しています。日本ではバブル経済が弾けるまで成長を続けていました。アメリカに至ってはいまだに成長を続けています。そう考えると、長期の下降波動というものはありません。

　下降のエリオット波動もないわけではありません。しかし、エリオット波動といったら、まずは上昇波動の典型的なパターンと考えておきましょう。
　もちろん、相場の動きにはいろいろな形があります。必ずこうなるということではないのですが、基本パターンを覚えておくことには意味があります。

　エリオット波動は細分化することができます（図2）。
　上昇局面には、上がっている波動である「推進波」と、下がっている波動の「訂正波（修正波）」があります。
　下降局面では、下がっている波動を「推進波」、上がっている波動を「訂正波」といいます。
　大きな流れに沿った動きの波を推進波、逆行した動きの波を訂正波と理解すればわかりやすいでしょう。

◆図2

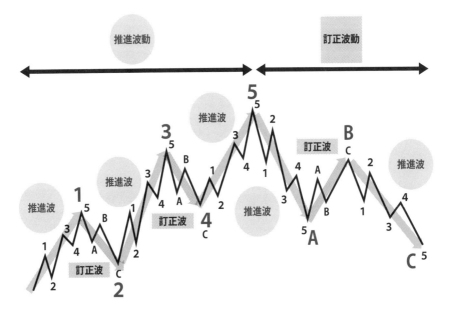

3）大きな波動の中の小さな波動

　エリオット波動のひとつの形の中には、推進派が5波、訂正波が3波確認できます。

　ここで第1波（推進波）と第2波（訂正波）を見てみましょう。このふたつの波動の中にもまた、小さなエリオット波動が存在するのです。

　そして、その小さなエリオット波動もまた「上昇5波・下降3波」を繰り返しています。この小さなエリオット波動が集まって、大きなひとつのエリオット波動を作っているというわけです。

　ということは、この大きなエリオット波動も、さらに大きなエリオット波動の第1波、第2波になっている（図3）ということです。

◆図3

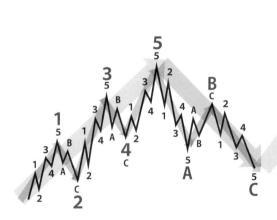

ロシアのマトリョーシカのようなイメージです。大きな人形の中に小さな人形が入っています。それと一緒で、大きなエリオット波動の中に、小さなエリオット波動が入っており、その中にさらに小さなエリオット波動が入っていることがわかっています。

　こういう形を**「フラクタル構造」**と言います。

　私たちは「大局のトレンド」「中局のトレンド」「目先のトレンド」という言葉をよく使います。これは「大きなエリオット波動」「中くらいのエリオット波動」「小さなエリオット波動」と言い換えることができます。

　気をつけたいポイントのひとつは**「トレンドをどの期間（スパン）で見ているのか」**です。

　1年間のスパンでチャートを見ると、上昇トレンドであっても、3カ月スパンでは下降トレンドに変わっていることがあります。大きな上昇の中で、短い期間では一時的な下降トレンドになっている、さらに短い期間ではもみ合い相場になっている、ということもあります。上昇トレンドや下降トレンドは、そのスパンがどのくらいの長さかを見抜く必要があります。

　そのとき、「大きなエリオット波動」の中に「中くらいのエリオット波動」があり、さらにその中に「小さなエリオット波動」があることを意識すると、自分がどのスパンでトレンドを見ているのかがよくわかります。

　1年間よりも、もっともっと大きな波動の見方もあります。

　波動の規模としては、グランドスーパーサイクル（100年以上）、スーパーサイクル（50年）、サイクル（10年）、プライマリー（3〜5年）、インター・ミディエート（30〜50週）、マイナー（10週）、ミニュエット（3〜5週）があると言われています。

29

4）世にも不思議な数列との関係

エリオット波動を極めていくと、実はフィボナッチ級数と非常に関係があることがわかってきます。フィボナッチ級数とは、前と前の数字を足すと次の数字になるものを指します。

（フィボナッチ数列）

0、1、1、2、3、5、8、13、21、34、55、89、144、233、
377、610、987、1597、2584、4181、6765、10946……

1と2を足して3。2と3を足して5。3と5を足して8……。いかがでしょうか。

海外には「フィボナッチ級数が自然界すべてを支配している」という言い伝えがあります。木の葉や花びら、松ぼっくりまで、すべてがフィボナッチ級数でできているというのです。

そして、エリオット波動もフィボナッチ級数に深い関わりがあります。エリオット波動は上昇5波、下降3波の計8波をひとつのサイクルとしてできています。「3」「5」「8」はすべてフィボナッチ級数です。

さらに細分化してもフィボナッチ級数との関係がわかります。

上昇5波は3つの推進波と2つの訂正波からなっています。下降3波は、2つの推進波とひとつの訂正波です。合わせると、推進波5つと訂正波3つです。この推進波と訂正波を細分化すると、上昇21波動、下降13波動、合計34波動（次ページの図4）となります。13、21、34はすべてフィボナッチ級数です。

さらに細分化すると上昇89波動、下降55波動、合計で144波動になります。この55、89、144もフィボナッチ級数です。時間があればさらに細分化してみてください。細分化して現れる数字はフィボナッ

チ級数になるはずです。

　エリオットが初めにエリオット波動を発見したときには、フィボナッチ級数を意識していませんでした。エリオット波動が「上昇5波・下降3波」に分かれることに気づき、細分化をしていったとき、出てくる数字がすべてフィボナッチ級数であることに驚いたといいます。

　チャートでエリオット波動に当てはまるところがないか、探してみてください。すぐに見つかると思います。エリオット波動がチャートによく出てくることを確認し、納得したうえでエリオット波動を使ってください。
　もちろん、すべてのトレンドに当てはまるわけではありませんが、典型的な上昇トレンドのひとつのパターンがエリオット波動であることは間違いありません。

◆図4

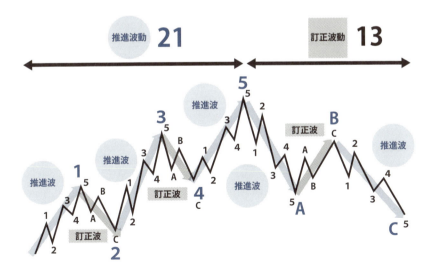

5）黄金比率が相場に自然と出現してくる

エリオット波動は、フィボナッチ級数から算出される黄金比（フィボナッチ比率）とも深い関わりがあります。このフィボナッチ比率を活用することで波動の転換点を予測できるのです。

フィボナッチ比率は自然界や生命の起源を語るとき、人が心地よいと感じる黄金比となっています。数多のアート作品や、カードや看板の縦横比などわれわれの身近なものにも活用されています。

トレードへの応用は、集団心理が働いているとされる相場やチャートの中にも自然と出現するだろうという考えに基づいたものです。そのため、チャートの分析にはフィボナッチ・リトレースメントを併用することが多いのです。

フィボナッチ比率の中で特に注目されるのが38.2%、61.8%です。相場の中では半値（50％）も強く意識されるので、この3つの比率は覚えておく必要があります。

またエリオット波動には、このフィボナッチ比率を活用して見出されるいくつかの特徴があります。

◎第2波は深い押し目となる傾向が強く、第1波に対して50%～61.8%の押し目が想定できる
◎第4波は深い押し目となりにくく、第3波に対して38.2%の押し目にとどまることが多い

エリオット波動のそれぞれの波動にも、特徴があります。

◎第1波、第3波、第5波の中で第3波が一番短くなることはなく、一番長くなりやすい。
◎第2波が第1波よりも安値を付けることはない

◎第4波が第1波の高値を下回ることはない

◎第2波、第4波は異なる形の修正波となりやすい（オルタネーション：次ページ参照）

　なぜ、波動にこのような特徴が現れるかというと、そこには次のような投資家心理が働いていると考えられるからです。

第1波：直前まで下降トレンドだったので上昇に対して懐疑的

第2波：下降トレンドが再開されたと思われるため、下落幅が大きい

第3波：あらゆる買い条件が揃い、買い注文が増えて大きく上昇する

第4波：上昇トレンドの押し目と判断され、複雑な形になることが多い

第5波：投資家心理はかなり強気に傾いてはいるが、実際の上昇は強くない

第A波：上昇トレンド中の押し目と判断され、押し目買いが入るが、実際は下げの始まりである

第B波：押し目が完了して再び上昇が開始したと騙される場所

第C波：大きく下げたことにより、今まで上昇トレンドだと思っていた投資家は失望し、下げが明確になる

　ただし、このエリオット波動だけを見て売買のタイミングを判断するのは困難です。

　今自分が見ているチャートが「長期のトレンドの中のどのような位置にいるか」、そして「中期のトレンドの中のどのような位置にいるか」、さらに「目先のトレンドの中でどのような位置にいるか」を判断する目安として参考にするのがよいでしょう。

オルタネーションとは？

　2波と4波で異なる形の修正波が出ることをオルタネーションと言います。オルタネーションは必ず起こるわけではありませんが「起こりやすい」とされています。例えば、2波に急激な下降の波形が出現すると4波はトライアングルなどの横ばいのような波形になることがしばしばあります。

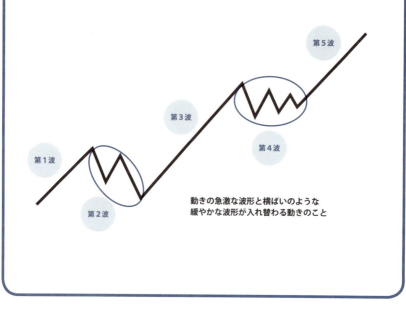

動きの急激な波形と横ばいのような緩やかな波形が入れ替わる動きのこと

フィボナッチ

レオナルド・フィボナッチは、12世紀から13世紀にかけて、その才能を発揮したイタリアの数学者です。投資家ではありません。1170年に生まれ1250年ごろまで生きたとされていますから、日本でいえば平安時代末期から鎌倉時代初期にあたります。

　フィボナッチは1200年に『算盤の書』を出版し、アラビア数字（0〜9）を世界に広めるとともに、この書の中でフィボナッチ数列を紹介しています。

　フィボナッチ数列とはいったいどのようなものでしょうか。某有名私立中学の入試問題にもなっていますから、皆さんも一緒に考えてみてください。

　　　　　0、1、1、2、3、5、8、13、21、34……

　ここで質問です。この「34」のあとに続く数字たちを答えてください。

　さて、答えは出ましたか？

　正解は、55、89、144、233……です。

　この数列は、「前の前の数字」＋「前の数字」＝「次の数字」となっています。つまり、21 + 34 = 55、34 + 55 = 144…、となっているのです。

　この一連の数字の並びをフィボナッチ数列と言います。なぜ投資の世界に関係があるかというと、この世で最も美しいバランスであり、自然界を支配していると言われる「黄金比率（黄金分割）」に関係しているからです。次ページの図1をご覧ください。

◆図1

分母

	1	2	3	5	8	13	21	34	55	89	144	233
1	1	2	3	5	8	13	21	34	55	89	144	233
2	0.5	1	1.5	2.5	4	6.5	10.5	17	27.5	44.5	72	116.5
3	0.33333	0.66667	1	1.66667	2.66667	4.33333	7	11.3333	18.3333	29.6667	48	77.6667
5	0.2	0.4	0.6	1	1.6	2.6	4.2	6.8	11	17.8	28.8	46.6
8	0.125	0.05	0.375	0.625	1	1.625	2.625	4.25	6.875	11.125	18	29.125
13	0.07692	0.15385	0.23077	0.38462	0.61538	1	1.61538	2.61538	4.23077	6.84615	11.0769	17.9231
21	0.04762	0.09524	0.14286	0.2381	0.38095	0.61905	1	1.61905	2.61905	4.2381	6.85714	11.0952
34	0.02941	0.05882	0.08824	0.14706	0.23529	0.38235	0.61765	1	1.61765	2.61765	4.23529	6.85294
55	0.01818	0.03636	0.05455	0.09091	0.14545	0.23636	0.38182	0.61818	1	1.61818	2.61818	4.23636
89	0.01124	0.02247	0.03371	0.05618	0.08989	0.14607	0.23596	0.38202	0.61798	1	1.61798	2.61798
144	0.00694	0.01389	0.02083	0.03472	0.05556	0.09028	0.14583	0.23611	0.38194	0.61806	1	1.61806
233	0.00429	0.00858	0.01288	0.02146	0.03433	0.05579	0.09013	0.14592	0.23605	0.38197	0.61803	1

分子

　縦（列）と横（行）にそれぞれ小さい数字から順にフィボナッチ数列を並べました。そして縦を分母、横を分子として計算した結果をそれぞれのセルに書き入れています。

$$1 \div 2、2 \div 3、3 \div 5 \cdots\cdots$$

　フィボナッチ数列では、隣り合う数字で割り算をすると、最終的には 0.618 に収束していきます。さらに、1 ÷ 3、2 ÷ 5 など、ひとつ飛ばしで割り算すると、だんだん 0.382 に収束していくのです。
　ここで出てくる「0.618」と「0.382」を合計すると「1」になります。この比率こそがまさしく「黄金比率」なのです。

　黄金比率がミロのビーナスやピラミッド、レオナルド・ダ・ヴィンチの作品などで見つけられることはとても有名です。もちろん、それ

と知って黄金比率を用いて絵を描いた作家もいるでしょう。しかし、その存在がまだ知られていない時代に無心に美を追求していたものを後世になってから調べてみたところ、実は黄金比率になっていたという事実は驚きそのものです。

　さて、その「黄金比率」が相場の世界にどのように影響しているのでしょうか。

　典型的な例は、価格の上昇幅と下落幅の関係です。

　上昇相場が一時的に下がってから再び上がっていく場合、その押し目が黄金比率になりやすいのです。つまり、上昇幅を1とすると、それに対して38.2％下がった地点で買い直されて反転上昇するケースが多いということです。

　なぜそのようなことが起こるのでしょうか。

　上がってきた相場が押し目をつけようとしている場合、ほんの少しの下げだったら、もう少し下がりそうだから今は買えないという気持ちになりませんか。逆に、価格が大きく下げて半値以下になっていたら、これはもう押し目どころではなく下降相場に切り替わったようだから買いポジションは持てないと考えるはずです。

　すなわち、**どの値位置が上昇相場の中の適度な押し目として考えられるのか（その近辺で買えば再度上昇するのではないか）という感覚は、人間がチャートを見て視覚的に捉えた結果なのです。**視覚的にチャートが一番美しい形であることが、「下げ止まって上昇するとしたらこのあたりがベストタイミングになるだろう」とトレーダーを納得させるのです。その結果として、多くのトレーダーに対し、同じような値位置での買いを誘発しやすくするのです。

　つまり「38.2％」「61.8％」が抵抗帯や支持帯として働きやすいという性質を持つことになります（次ページの図2参照）。

　もちろん100％こうなるというものではありません。それでもい

38

ろいろなチャートを見ていくと、この「38.2%」「61.8%」という数字にしばしば出くわします。フィボナッチ数列が相当意識されていることの証明です。フィボナッチ数列はチャートツールとして使える場合も多いので、さまざまなチャートで確認してみてください。

◆図2

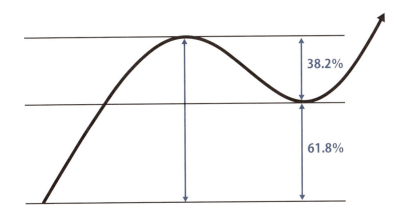

第4章

ピボット（PIVOT）

第1節
抵抗線や支持線として機能するピボット

1）デイトレード専用のインジケーター

ピボット（PIVOT）はよく知られたインジケーターです。いろいろなチャートシステムにデフォルトで組み込まれています。極めて特殊なインジケーターで、デイトレード専用に作られています。したがって、5分足などの短い足に向いています。

ピボットは抵抗線、支持線として働きます。実際に使っているトレーダーも少なからずいるでしょうが、「なぜ、うまく機能するのか」、その仕組みはあまり理解されていないようです。

これを勉強するか否かがチャート分析では大きな差となって現れます。本章では上級者向けに「チャート分析を深めるとはどういうことか」も含めて説明します。

図1はピボットをチャート上に描いた例です。ここでは中央を走る青い横線とその上下に3本ずつ線が描かれています。

図2を見てください。中央の部分が1日分の相場です。真ん中の線がピボットです。ピボットを挟んで上にR1、R2、R3という3本の線があり、下にS1、S2、S3という別の3本の線があります。

ワイルダー氏はさまざまなテクニカル指標をこの世に輩出しました。そのうちのひとつが"リアクション・トレンド・システム"、通称ピボットです。

図1

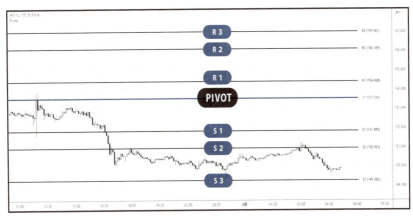

（画像提供）：TradingView

図2

（画像提供）：TradingView

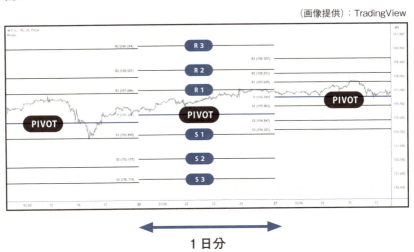

1日分

43

ピボットとは、本来は円形の動きを意味する言葉です。バスケットボールでは、ボールを保持するプレーヤーが片足を軸足として固定し、もう片方の足を動かすステップをピボットと呼びます。

そして、リアクション・トレンド・システムという名称は「それぞれの線で反発する、そこで流れが変わる」ことを示唆しているのです。

一見、わかりにくいかもしれませんが、ピボットという捉え方と、リアクション・トレンド・システムという捉え方は、同じインジケーターを別角度から見ていることになります。その説明は 49 ページの図 3 で後述します。今は、そういうものだと思っておいてください。

【ピボット】
・J・ウエルズ・ワイルダー・ジュニアが開発したテクニカル指標
・デイトレード専用のツール
・正式名称は The Reaction Trend System

2）基本を押さえる

ピボットを理解するにあたって、次の基本を押さえてください。

◎中心のラインをピボットと呼ぶ
◎デイトレードで抵抗線になりやすい場所（R1・R2・R3）、支持線となりやすい場所（S1・S2・S3）を自動表示してくれる
◎それぞれのラインで抵抗を受けるが、突破するとトレンドが勢いづくと読み解く

抵抗線とは、上昇（または下降）してきた価格がその点に達すると、それ以上の上昇（下降）を渋る水準です。

ピボットでは上昇相場を基本に考えて、1回目の抵抗をR1が、R1を打ち破ると2回目の抵抗R2が、R2を打ち破ると3回目の抵抗R3がというように次々と難敵が現れます。

抵抗線の"R"はレジスタンス（resistance）の頭文字です。

逆に、支持線となりやすい水準を「S1」「S2」「S3」と名づけています。その水準まで下がると下げ渋るという関門です。"S"はサポート（support）の頭文字です。

そのラインで抵抗を受けるけれども、突破すればトレンドが勢いづきます。通常はそのラインで抵抗を受けて反転することから"リアクション"という言い方をします。

第2節
計算式の意味を知る

1）ピボットの計算式について

　では、ピボットの計算式を覚えていきましょう。

【PIVOT 計算式の基本】

・前日の高値を H、安値を L、終値を C とする。

・PIVOT ＝（H ＋ L ＋ C）÷ 3　（※以下 P と表記）

　D1 ＝ H － P　（D1 ＝高値と中心値の差）

　D2 ＝ P － L　（D2 ＝中心値と安値の差）

　D3 ＝ H － L　（D3 ＝高値と安値の差）

【各線の計算式】

・S1 ＝ P － D1　・S2 ＝ P － D3　・S3 ＝ S1 － D3

・R1 ＝ P ＋ D2　・R2 ＝ P ＋ D3　・R3 ＝ R1 ＋ D3

　前日の高値（High）、前日の安値（Low）、前日の終値（Close）を H、L、C で表します。中心となるピボットは高値と安値と終値を足して3で割ることで求められます。この中心値を "P" と表記します。D1 は

高値と中心値の差、D2 は中心値と安値の差、D3 は高値と安値の差です。

　各線の計算式の意味として、S1 は中心値から D1 分だけ下がった数値、S2 は中心値から D3 分だけ下がった数値、S3 は S1 から D3 分だけ下がった数値だとわかります。

　逆に、R1 は中心値から D2 分だけ上がった数値、R2 は中心値から D3 分だけ上がった数値、そして R3 は R1 から D3 分だけ上がった数値ということになります。

2）ピボットと上下６本の線でできている

　ピボットというテクニカル指標は中央のピボットを挟んで上下３本ずつ合計７本の直線で構成され、全体として"ピボット"と命名されています。

　現在では、この呼び方が一般的ですから、チャートシステムでピボットのインジケーターを選択すれば、S1・S2・S3、R1・R2・R3 の名称とともに描画されるはずです。しかし、ワイルダー氏の原著では違う呼び方をしています。

【ワイルダー氏の原著】

◎ S1 ＝ B1　S2 ＝ B2　S3 ＝ LBOP
　　B1 は買い（Buy）の１回目のチャンス
　　B2 は２回目のチャンス

◎ R1 ＝ S1　R2 ＝ S2　R3 ＝ HBOP
　　S1 は売り（Sell）の１回目のチャンス
　　S2 は売りの２回目のチャンス

「S はサポート」「R はレジスタンス」「B は Buy（買い）」「（こちらの）S は Sell（売り）」の意味です。

つまり S1 は 1 回目の買い仕掛けのタイミング、S2 は 2 回目の買い仕掛けのタイミング。S3 は LBOP（ロー・ブレイク・アウト・ポイント）で、「下方に底が抜けたので、この時点ではどこまで下がるかわからないから買ってはいけない」と注意を喚起しているのです。

逆に、R1 は 1 回目の売り仕掛けのタイミング、R2 は 2 回目の売り仕掛けのタイミング。R3 は HBOP（ハイ・ブレイク・アウト・ポイント）で「上方に突き抜けた以上、ここで売ってはダメだ」とワイルダー氏は促しているのです。

【LBOP と HBOP】

LBOP は Low Breakout Point の略で、下降へブレイクするポイント

HBOP は High Breakout Point の略で、上方へブレイクするポイント

ある水準までは抵抗（支持）となって、その地点を突破したら下がる（上がる）、次の抵抗線（支持線）でも下がる（上がる）、という動きがあります。しかし、それは基本的に昨日から今日にかけての動きがそれほど大きく変化していない、すなわちもみ合い相場のときの話です。ところが、あるタイミングでトレンドが形成されたら価格は上方（下方）にどんどん更新されていきます。そういった状態が HBOP または LBOP を超えていくときの動きだと考えます。

図 3 を見てください。ピボットの秘密を明かします。これまでは、直線で構成されているのに「なぜ、ピボット（円形）なのか」と、違和感があったと思います。

ここではピボットを中心として円が描かれ、S1 や R1 が決まってい

図3

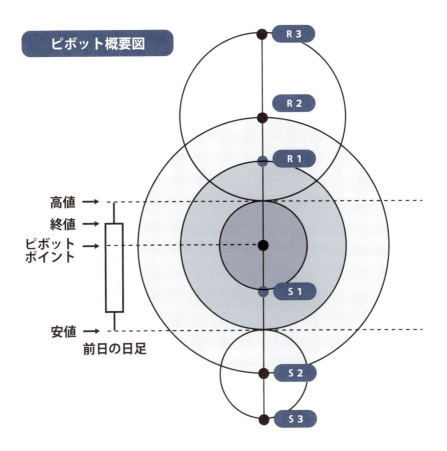

ます。R2、S2 も同様です。しかし、S3 と R3 を含む円は異なります。
S2 と R2 が中心になっています。

3）終値について考察する

　では、ひとつひとつの "円の幅" はどのように決まっているのかを
説明します。

　まずは、その前提として1日の中での重要な価格について考えます。
チャートを見るときに最も重視するのは終値です。例えば、日経平均
が前日比 300 円高の場合とは、前日の終値と当日の終値を比較して
300 円上昇したことを意味します。

　前日は陰線で、1000 円下がっていたとします。そして、当日は前
日の終値から始まって 300 円上げて終わったとします。

　図4を見てください。このローソク足を2つ並べてみて、今日は本
当に上昇した1日だったと言えるでしょうか？　終値ベースでは確か
に上がっています。しかし、これを見て上昇相場になった、これから
先も上昇が継続する感じがするでしょうか？

　そこで、終値で比較することが本当に正しいのか、もう一度検討し
てください。ひょっとしたら、この1日の値動きの中の中心で比較し
たほうが毎日の変化がわかるかもしれません。1000 円の下落の中心
は昨日の陰線の真ん中です。今日の 300 円の上昇の中心は今日の陽線
の真ん中です（図5）。

　中心を比較すると、昨日の中心より今日の中心は下に位置していま
す。そうなると、昨日から今日にかけて、本当は下がったと捉えるほ
うが正しいのではないでしょうか。

　ローソク足はビジュアル的です。このため「終値を比較していくら」
と計算するのではなく、「昨日と今日のローソク足の形状で比較して

図4

図5

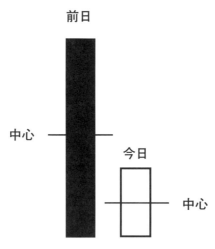

51

下がっている」と捉えるほうが視覚的にわかりやすくなっていると感じます。「終値を重要視するのは確かに正しい考え方ですが、本当にそれだけで良いのか」という疑問が生じてくるわけです。

では4本値（始値、高値、安値、終値）の中で終値を最重要視するのはなぜでしょうか。チャート分析の達人は次のように考えました。

①終値＝最新の値段

終値は1日の中で最後につけた価格であり、最新の価格だからという仮説はどうでしょうか。

当日の相場が終わった瞬間であれば、終値は現在に一番近い価格ということになります。少なくとも4本値の中では直近です。ですから、終値が最重要視されることは自然なことでしょう。

②値洗い計算で終値を使う

それ以外にも株式や先物取引で終値が重視されるのは、その価格で"値洗い計算"がされるためです。個人トレーダーのレベルで値洗いのシステムを知っている人は少ないかもしれません。

しかし、証券会社や先物会社にとって、"値洗い"はとても重要です。なぜなら、株取引の場合、通常の現物取引に加え、信用取引も行われているからです。

信用取引をしているトレーダーには、「口座残高が一定の証拠金維持率を常に上回っていること」が求められます。口座残高が証拠金維持率を下回れば、追い証拠金（追証）が必要になるからです。

その追証を計算するときに使うのが「値洗い計算」です。通常の追証では、この値洗い計算は「終値ベース」で行われます。要するに、終値を使って1日の取引終了時点での証拠金の過不足を計算するわけです。

余談ですが、FX にも追証制度があります。強制ロスカット（証拠金維持率を下回ると強制決済される）のルールです。強制ロスカットは、24 時間、間断ない取引の中で、値動きが激しくなると発動されるケースが頻発します。

　強制ロスカットは、その名の通り、「ある値位置（証拠金維持率を下回る値位置）」に達したときには、その瞬間に強制的に決済される仕組みになっています。“（あらあじめ設定していた）ある値位置”に到達したら、そこで即決済されてしまいますので、株式投資のように、「立会いの最中に追証になるような値位置に達しても、終値で回復した」というようなことは期待できません。ですから、FX では、立会い中は相場がどのように動いているのかを絶えず計算し続ける必要があります。

③出来高が最も多くなる

　また、値洗い以外の要素として、出来高も、終値で一番多くなる傾向にあります。

　以上のことから、総合的に見て「終値が一番大切だ」という理解になっているわけです。ただ「終値に注目するだけでよいのか」という点は、先述した通りです。そこで本書では、「中心がどのように変化しているか」についても考えます。

4）4種類の「中心」の捉え方

　55 ページの図 6 を見てください。このような 2 本の陽線があったとします。前日の陽線に本日の陽線が包まれています。これは上昇でしょうか、それとも下落でしょうか？　ある意味では「動いてない」という考え方もできますが、中心を比較すると上昇していることがわ

かります。

　こうしたケースをどのように評価するかによって、中心値をどう捉えるかがチャート分析の達人の間では侃々諤々の議論が交わされています。そうした中、この中心の捉え方には、概ね4種類の意見が見られます。

①4本値の中心：「始値」「高値」「安値」「終値」

　初めは4本値の中心、つまり始値、高値、安値、終値を足して4で割る方式です。平均足ではこの手法が使われています。1日の中心値がどのように変化しているかを見るのが平均足です。

②3本値の中心：「高値」「安値」「終値」

　一方、ピボットは3本値の中心を使います。3本値は高値・安値・終値です。始値は考慮しません。

　図7は海外でよく使われるバーチャートです。ト音記号の連続に見えます。かつて始値という考え方がなかったためにこのような表記になりました。

　ところで、なぜ始値はなかったのでしょうか？　その理由は、前日の終値を採用していたからです。24時間取引なら前日の終値と本日の始値は同じになります。例えば、少なくとも5分足や10分足ならば、直前の終値と次の始値は一緒です。つまり、終値と始値の両方を採用したら、ある価格が二重に重要視されてしまうという理屈です。

　値洗いの計算や出来高を考慮する場合には、それはそれで意味があります。しかし、そういう点に配慮しない5分足などの場合は、始値と終値が特に重要視される必要はありません。そのように考えると高値・安値・終値をカウントすれば4本値はすべて網羅されていることになります。したがって、3本値の中心を考えることで本日の中心値が出るという考え方です。

54

図6

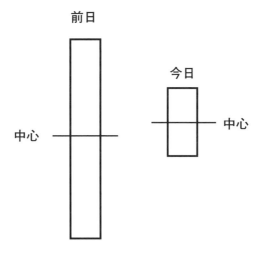

図7

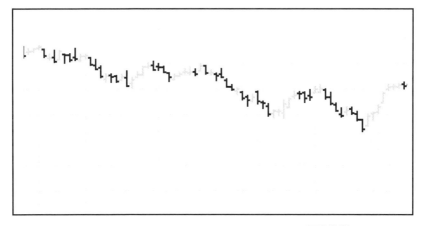

（画像提供）：TradingView

③2本の中心（2つ）：「高値」と「安値」＆「始値」と「終値」

　高値と安値の中心を重要視する考え方があります。またローソク足の実体、つまり始値と終値の中心を重要視して捉える考え方もあります。

　ここで紹介した「4種類の中心」を考えて、「昨日から今日にかけてどれだけ上昇したか」を意識すると、相場の見方が変わってきます。4種類の中心値の考えに基づいて調べて、初めて上昇・下降が明らかになります。例えば、「4本値の中心は上昇しているものの、3本値の中心は上がっていない」とか、「高値・安値の中心は上昇しているけれども、始値・終値の中心は上昇していない」というようなことがあります。このようなケースでは、「終値ベースでは上昇しているものの実際の上昇ではない」というように、割り引いて考える必要があるかもしれません。

　瑣末に思えるかもしれませんが、テクニカル指標の多くは、終値を中心にできているため、こうした点にこだわることも必要なのです。

5）ピボットの計算式を読み解く

　図8を見てください。ここでは、高値と安値の差に着目しています。

　高値と安値の差はD3で、高値と中心値（ピボット）の差はD1、そして中心値と安値の差はD2です。

　D1とD2を使った円は1回ずつしか出てこないのに対し、D3を使った円は複数あります。

　R1とS1は、「価格上昇時にR1で抵抗を受ける」「下降時にはS1で抵抗を受ける」、それぞれ最初の抵抗です。価格がこの抵抗を打ち破ったら、2番目の抵抗であるR2とS2があります。そして、最後の抵抗がR3とS3です。最後の抵抗を突き破ったら、「どこまで上昇す

図8

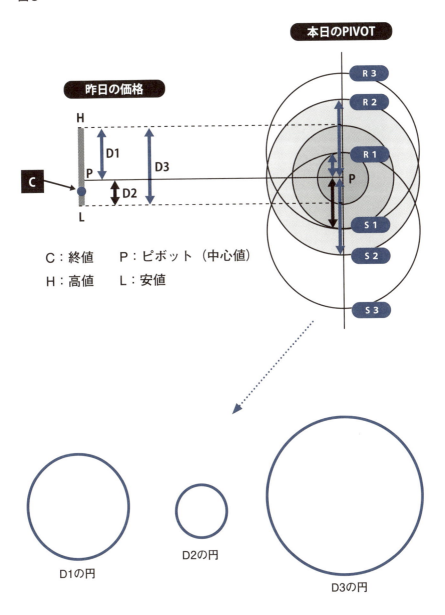

57

るか（どこまで下落するか）わからない」という世界です。

　要するに、上の抵抗に達すると下がり出す、下のサポートに達すると上がり出すという考え方です。計算式を思い出しながら、図9で確認しましょう。

【S1・R1の分析法】
・相場が小動きの状態で、最初に抵抗を受けるときは上が
　R1、下がS1
・そこで抵抗を受けたときは前日の相場の継続であり、小動
　きの中で相場は反転していく

　本日のピボットは前日の中心価格です。そこから高値までの差がD1です。このD1と同じ値幅だけ下にあるのがS1になります（図9の上段）。また、前日の中心値から下がっている分だけ本日の中心値から上がっている値位置がR1になります（図9の下段）。

　まず昨日の価格を見ます。昨日は、一時、中心値からHまで上昇しました。今日のピボット（中心値）は、昨日の中心値をそのまま書きますから、今日の中心値段は同値です。

　このとき、最初のサポートはどこになるのかというと「S1」になります。S1とは「昨日の中心値から上がった分だけ今日下がった値位置」のことです。なぜ、そこがサポートになるのでしょうか。ここがピボットを考えるうえでの最初の関門になるからです。

　昨日上がった値幅をそのまま本日にスライドして中心値より上に描くわけではなく、上がった分は下げに、下がった分は上げにというようにクロスして描くのはどうしてか？　その理由を考えてみましょ

図9

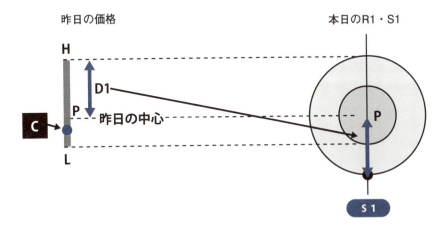

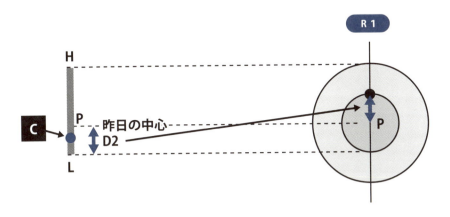

う。理屈は次の通りです。

昨日買った人たちが手仕舞うとしたら、どこまで下がるでしょうか。昨日の買い手が逆に決済に回るわけです。となると、昨日の買いによって価格が上昇した分と同量を売ったとしたら、同じ値幅だけ中心値段から下がる。これが、ピボットの考え方なのです。

逆に中心から下がった分の値幅、すなわちPとLの差（D2）だけ翌日買われたとしたら、その値幅だけ上に描いた値位置が最初の抵抗になります。

中心から上がった分だけ翌日は中心から下がりやすい。中心から下がった分だけ翌日は中心から上がりやすい。この上がった分の動きが逆に出てくるとここまで下がる。下がった分の値動きが逆に出てくるとここまで上がっていくという考え方です。図10は米ドル円の30分足チャートです。

下段の①のところは、R1で抵抗を受けてS1まで下がっています。そして、S1でサポートされて反発しています。

②では、ピボットから反発したものの、R1で抵抗を受けて伸び悩む動きを見せていました。

その翌日の③ではピボットで反発したもののR1で抵抗を受けています。ピボットがサポートとなり、R1が抵抗となっています。こういった動きを容易に読み取れます。

図10

(画像提供):TradingView

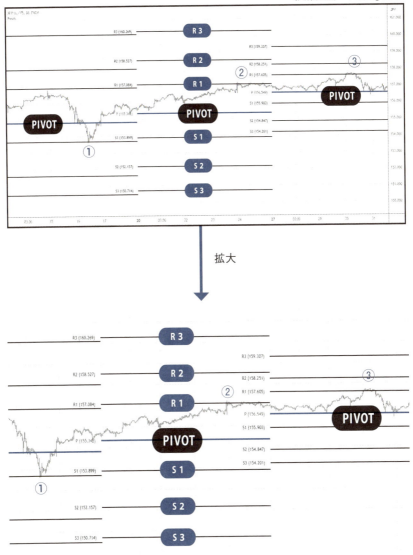

拡大

61

第3節
トレンドに合わせて、
抵抗帯や支持帯を見極め、行動する

1）トレンドは2種類、細分化すると5種類に分かれる

トレンドを大きく2つに分類します。

ひとつはもみ合い相場です。もみ合い相場は動きがない相場だと考えます。トレンドがない、横ばいという動きです。

もうひとつは、トレンド相場です。このトレンド相場は上の方向に延びていく上昇相場と、下の方向に延びていく下降相場に分かれます。さらに、上昇相場を「安定している上昇相場」と「加速相場」に分け、下降相場を「安定している下降相場」と「加速相場（Cカーブ）」という形に分けます。

ここで、加速相場について、上昇相場を例に説明しておきます。買いが買いを呼び込むような状況になると、相場は次第に過熱していきます。これを「逆Cカーブ」と呼びます。

普通、一直線に一定の角度で延びる上昇相場はなかなかありません。上昇が続けば続くほど、最後に大きく上がっていきます。その理由は、上昇が続くほど多くのトレーダーがその銘柄に注目するからです。勢いよく上がっている銘柄があれば話題になります。その様子を新聞やテレビなどのメディアが取り上げればさらに買われます。そして、最後には、逆Cカーブという形で上昇するのです。

62

図11

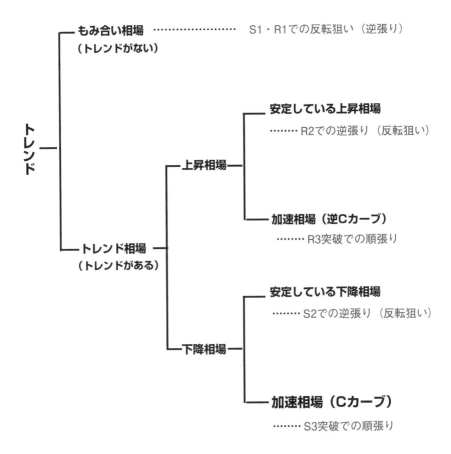

それぞれの相場で、どこで抵抗を受けやすいか、あるいは下げたときにサポートされやすいかを見極めるのがピボットの考え方です。

2）もみ合い相場での考え方　〜S1とR1〜

もみ合い相場で買っているトレーダーは今後の上放れを、売っているトレーダーは今後の下放れを望んでいます。

ところが、もみ合い相場で値動きが小さくなると、買い方も売り方も、もう決済してしまったほうがよいと考え始めます。つまり、もみ合い相場とは、新規の買い（売り）が出てくるけれども、その後に上がらない（下がらない）からあきらめていくという、失望の末の手仕舞いが繰り返される相場を指すのです。

もみ合い相場では小さな上げ下げが繰り返されますが、その小さな上げ下げの基本が、先述したR1・S1なのです。

S1の考え方はすでに説明した通りです。昨日の高値・安値・終値の平均がピボットです。ピボットに相当する価格から最高値まで買い上がった（図12のD1）ときのトレーダーの心理を考えてみます。そのトレーダーはさらなる上昇を期待して買ったはずです。

ところが、もみ合い相場が継続しそうだと判断した場合には、高値づかみを警戒して手仕舞いをしたくなるはずです。

デイトレードで、最高値付近で買ったトレーダーが手仕舞うとすると、（昨日の）中心からD1まで上げていった勢力が売るわけですから、それと同じ分だけ、つまりS1まで下がっていく（図12）というのがピボットの考え方です。

初めてこの考え方に接すると、「そうした場面が本当にあるのか」といぶかしがるかもしれません。しかしチャート分析を極めると、ありとあらゆるもみ合い相場の中に、「中心から上がった分だけその後

64

図12

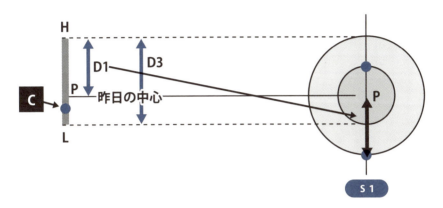

図13

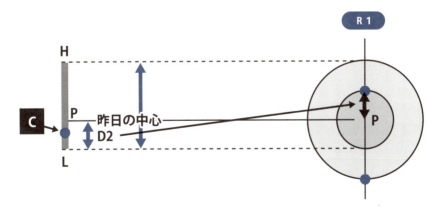

に下げる」という場面がよく出てきます。

　一目均衡表も同様です。一目均衡表では、もみ合いの中心が基準線または先行スパン2になりやすく、そこから上がった分だけ反動で下がると考えます。中心から下がった分だけ上がる（中心から上がった分だけ下がる）ことが連続して起こるともみ合い相場ができます。そのもみ合い相場が終焉する前には、予兆として、「中心から下がった分だけ上がらない（または中心から上がった分だけ下がらない）」という値動きが起こります。初めはいぶかしく思っても、相場の奥義はこのあたりにあるのだと理解するときが、やがて来るはずです。私はチャート分析の世界では共通認識だと実感しています。

　R1はその逆です（前ページの図13）。昨日のピボットからの下げを期待して売った勢力がいます。しかし、どうやらもみあい合い相場が継続しそうだと考えて手仕舞うトレーダーが出てきます。このとき、「昨日の中心から下げた分だけ上昇する」というのが基本的な考え方です。中心から下がった分だけ上昇した値位置がR1となります。

3）安定的な上昇＆下降相場（標準相場）での考え方　〜S2とR2〜

　次に2段目の抵抗（帯）とサポート（帯）について考えます（次ページ上段）。

　1日の値動きを毎日意識して見ていくと、実は、もみ合い相場のときには1日の値幅が徐々に小さくなる傾向が観察されます。そして、上昇（下降）相場に移行すると、上下動の幅が徐々に大きくなる傾向が見て取れます。

　先に、上昇（下降）相場を加速上昇（加速下降）と安定上昇（安定下降）に分類しました。このうち、加速上昇（下降）のときには上昇（下降）幅がどんどん拡大していきます。

66

【R2・S2 の計算式】
・S2（2 回目のサポート）＝P－D3
・R2（2 回目の抵抗）＝P＋D3
※P は昨日の中心値、D3 は昨日の最高値と最安値の差

【R2・S2 の分析法】
・相場が標準的な値動きの場合は上下動の幅も似てくる
・とすると、中心から昨日の上下動幅だけ動いたらそこで一服となる

　では、安定上昇（安定下降）のときはどうなるかというと、同じくらいの値幅の上下動で上（下）のほうに延びます。

　もちろん、それ以外の値動きをすることはいくらでもありますが、おしなべて平均的に物事を捉えると、安定している上昇（下降）相場では、多くのケースで、上下動の幅はほぼ等間隔で上昇します。

　一方、加速相場では、上下動の幅が広がっていく、そして、もみ合い相場では、上下動の幅が徐々に小さくなる傾向があることを意識しましょう。

　ここで、S2 について、考えてみます。S2 すなわち 2 回目のサポートは、前日の高値と安値の差である D3 分だけ、昨日のピボットから下がっていくという考えになります（次ページの図 14）。例えば、翌日に、前日の上下動（最高値－最安値）の分、中心から下がったとしたら、「（安定的な下降相場ならば）本日の下げはこれで終了」という場所になるのが S2 なのです。これが、一般的な下降相場の基本形です。

　では、一般的な上昇相場の基本形はどうでしょうか。昨日の最高値と最安値の差に等しい分だけ中心から上昇したとすると、「本日の上

67

図14

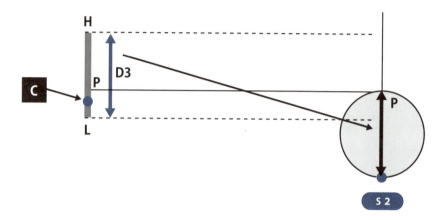

図15

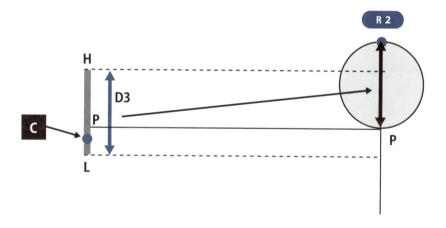

昇相場は R2 でひと段落」と認識されて利益確定の売りが出る格好になります。前ページの図 15 で確認してください。

4）加速相場での考え方 〜 S3 と R3 〜

S3 は 3 回目のサポートで最終支持、R3 は 3 回目の抵抗で最終抵抗です。最終ですから 4 回目のサポート、5 回目のサポートはありません。S3 を突き抜けた場合には下降トレンドに入ったと判断します。

上昇も同様です。3 回目の抵抗である R3 を打ち破ったとしたら、それは上昇相場に入ったと判断し、逆張りは回避します。

もう一度、原点に戻ります。ピボットというテクニックは、短期売買やデイトレードに限定して使用します。スイングトレード以上など、通常の日足を中心としたトレードの場合は、トレンドを獲りにいくべきです。トレンドを獲りにいくとはどういうことかというと、上下動を繰り返しながら上昇していく上昇相場の 1 段上げ、2 段上げ、3 段上げを、すべて獲ることを意味します。その中で、1 段の上昇、つまり 1 波動を獲ることを「1 波取り」と呼びます。

デイトレードでもトレンドは発生します。しかし、時間が限られているので大きなトレンドを獲ることは難しいです。したがって、デイトレードでは、1 波取りが中心になってきます。このため、順張りだけではなく、逆張りのほうが有効だと認識されています。値動きが小さい場合、抵抗を受けた値位置で反対方向の売買をすると、そこから元へ戻る揺り返しの動きが獲れます。

ところが、逆張りができるのは、上方向の値動きなら R1 と R2 までです。下方向の値動きなら S1・S2 までとなります。S1・S2 まで下げ、そこから反発したから買うという行動で、ここまでは逆張りが成功する要素が多くあります。しかし、S3 まで下げたところで逆張りして

69

買った場合は、少し話が変わってきます。もしもそこから下に突き抜けたらどこまで突き進んでしまうか、わかりません。要するに、R3とS3は危険水域との認識なのです。

【R3・S3の計算式】
・S3（最終のサポート）＝ S1 － D3
・R3（最終の抵抗）＝ R1 ＋ D3
※ S1とR1は最初のサポートと抵抗、 D3は昨日の高安の差

【R3・S3の分析法】
◎もみ合い相場の動き、一般的な上昇相場の動き、下降相場の動きをS1・S2、R1・R2で見通してきたが、相場にはどこかにブレイクポイントがある。
◎S3をLBOP（ロー・ブレイク・アウト・ポイント）、R3をHBOP（ハイ・ブレイク・アウト・ポイント）と呼ぶ

次ページの図16を見てください。最終サポートライン（S3）は最後の砦です。

S1は昨日の中心からの上昇分だけ、中心から下がった値位置です。S1を起点として、昨日の高安分下がった値位置がS3になります。この反動で動いた分（D1）と、1日の値動き（D3）を合計した分がすべて動くと、それは普通の動きではありません。

もみ合い相場だったらD1に等しいだけの値動きを見せます。そして、通常の下げ相場ならD3に等しい値位置で反転上昇するはずです。しかし、D1とD3の2つの変動を足した分以上に動いたとすると、それはもう通常の下げではないと判断します。

なお、図17は、図16の逆のパターンを表したものです。

図16

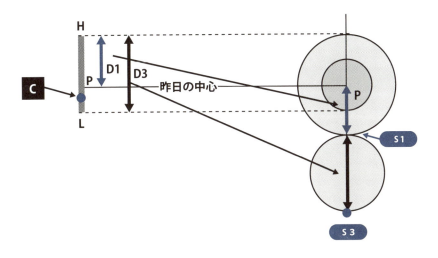

図17

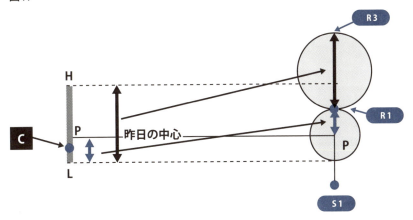

第4節
ピボットを使ったトレード

1）ピボットの意味と仕掛け方

　ピボットを使ってどのようにトレードをしていくか、どのように利益に変えていくかを説明します。

　次ページの上段を見てください。まずは、PIVOT の意味を覚えましょう。

　R1・R2・S1・S2 は抵抗とサポートですから、逆張りを仕掛けます。ただし、逆張りと言っても仕掛けだけではありません。手仕舞いも重要になるので、その点をよく理解してください。

　R3 と S3 はブレイクしたと判断できるところです。ここを突破したら、逆張りは絶対に避けてください。

　次に仕掛け方についてです。次ページの下段を見てください。

　R1 と S1 が最も抵抗になりやすく、もみ合い相場が連続するケースは少なくありません。そのため R1 で抵抗を受けたら売る、S1 で抵抗を受けたら買うといった逆張りをすると成功率が高くなります。

　R2 と S2 も似ていますが、ニュアンスがやや異なります。買っていた相場が R2 の値位置まで上昇し、さらに上昇を継続する場合には、

【PIVOT の意味】

◎１日の値動きの中で抵抗・サポートを受けやすいところを示す。R1・R2・S1・S2 が該当

◎また、相場がブレイクしたと判断できるポイントを示す。R3・S3 が該当

【仕掛け方】

◎相場が小動き（もみ合い相場等）のときは R1・S1 で反転する。そこで反転したときは逆張りする

◎R2・S2 は１日の動きの標準値動き達成位置を示す。そこで反転しやすいので逆張りもできるが、基本は利益確定ラインとする

◎R3・S3 を超えた相場はブレイク相場でどこまで動くか楽しみな場面

◎すぐに利食い（利益確定）しないで獲れるところまで獲る

もちろんポジションを維持します。しかし R2 でもたついて反転し始めるようなら、すぐさま利益を確定します。そうしないとその後は売られていくということです。

　売りポジションを作って S2 まで下がったら、とりあえず利益目標達成ということです。もしも S2 でサポートされている状態を感じたら、そこで利益を確定します。

　S1 と R1 はどちらかといえば逆張りの仕掛けをするポイントという位置づけが大きいと言えます。そして R2 と S2 は、どちらかといえば利益確定ラインです。

　R3 と S3 を超えた場合には、下降または上昇トレンドが確定したと判断し、とことん利益を伸ばすぐらいの気持ちで臨みます。

　ただし、逆 C カーブで上がってきた相場が天井を付けて下げ出したら、大陰線が連続して出てくるので早めの手仕舞いを心がけます。これがチャート分析の鉄則です。

　逆 C カーブで上昇している状態は利益が一番伸ばせるチャンスです。10 分の間に 5 円、10 円と動いていた相場が、50 円動き出すのが逆 C カーブです。その途中で手仕舞っていては得べかりし利益となってしまいます。

　以下、もみ合いでよく見られる反動相場や、2 段階で動く傾向が見られる標準相場、勢いが加速するブレイク相場に分けて、実際にチャートで確認してみましょう。

２）反動相場での仕掛けの例

　次ページの図 18 は、米ドル円の 10 分足チャートです。青の太線がピボット（156.824）です。S1 は「156.987」、R1 は「156.652」の値位置にあります。もちろん、その上に R2 と R3 があります。青丸

図18

(画像提供):TradingView

の地点から相場は下降方向に推移しましたが、S1 にタッチすると買われ出しました。つまり S1 は逆張りポイントです。その後、上昇は R1 で終了してしまいました。これはもみ合い相場中に起こる典型的な動きです。昨日の動きの反動を獲るということで、反動相場という名前がついています。

3）標準相場での仕掛けの例

　次ページ上段の図 19 を見てください。標準相場には、2 段階で動く傾向が見られます。1 段階目は S1 で反転する反動相場のような動きです。しかし、その後、①で上昇トレンドが生まれて上げます。そして、R2 のところで反転しています。R2 に届いてから終わっているので、R2 を割ってきた値位置では利益確定をします。

　もうひとつ、見てみましょう。次ページ下段の図 20 は 2024 年 1 月 4 日の米ドル円 10 分足チャートです。まさにピボットのラインに合わせて動いていることが確認できます。前日の中心値＝ピボット 142.958 です。R1 は 144.060、R2 は 144.834 です。この日は上昇相場でした。R1 でいったん抵抗を受けましたが、①を超え、②まで上昇し、それ以上は伸びていません。R2 の値位置で利益を確定するところです。標準相場の 1 日の典型的なパターンです。

4）ブレイク相場での仕掛けの例

　次にブレイク相場を見てみます。

　79 ページの図 21 を見てください。2023 年 4 月 10 日 18 時から、この 1 日の中で大きな動きが起こっています。

　前日の中心値は 132.012 で、スルスルと R2 近辺まで上昇し、いっ

図19

（画像提供）：TradingView

図20

（画像提供）：TradingView

たんは反転下降しています。そこまでは標準相場でした。

　ところが、その後にピボットまで戻った後に、再度買われて勢い
づきました。R1を突破し、R2も難なく超えています。もう逆張りす
るタイミングはありません。R3をも突破して、ものすごい勢いで上
昇しています。

　こうしたケースでは、下がり始めた①付近で手仕舞ったほうがよ
いでしょう。急激な上昇トレンドですから、ピボット近辺から最高値
付近まで大きな利益が獲れることになります。

　もうひとつ、ブレイク相場を見てみましょう。次ページの図22
を見てください。ほぼ直線的な上昇トレンドを描いています。この
PIVOTは130.925です。あっという間にR1を超えましたが、R2で
抵抗を受けています。

　私ならば①で利益を確定します。いったんは終了です。しかし、そ
の後を見ると、R2をしっかりと超えてきました。

　この上昇相場はどこまで上がるかわかりません。そこでR2を超え
た値位置②でもう一度、買いポジションを作りました。R3まで上昇
して抵抗を受けましたが、なおも上昇しています。

　デイトレードですから、本来、1日の取引時間帯で手仕舞いしなけ
ればなりませんが、このまま持ち続けてもよいような相場です。R3
を超えたことでブレイクしたことがよくわかります。

図21

（画像提供）：TradingView

図22

（画像提供）：TradingView

第5章

ピボットを改良した小次郎講師流「コジピボ」

1）瞬発力が必要なデイトレードで効果を発揮

コジピボは、私が独自に開発した、小次郎講師PIVOT（ピボット）の略です。株取引にも、FX取引にも、先物取引にも使えます。

個別株式用、FX用、先物用の3種類を用意しています。基本的な考え方はどれも同じです。ワイルダーのPIVOTを改良して、価格変動の中で抵抗線・支持線となる値位置をチャート上に自動的に浮かび上がらせることを目的としています。このテクニックは小次郎講師流なので、通常のPIVOTを知らなくても使うことができます。

コジピボはローソク足100本ごとに新たなピボットが出現するようにできています。個別株の場合は3分足100本のトレードを基本として設計しているからです。コジピボを使うことで、その100本の期間がレンジかトレンドかを判定することもできます。

なぜ3分足で100本かというと、3分足が20本で1時間、100本で5時間となるからです。東京株式市場の取引時間は午前9時から午前11時半までと、12時半から15時までの計5時間です。3分足100本で1日分になるという理由から、この設定になっています。

コジピボが最も効果を発揮するのはデイトレードです。デイトレードは瞬発力の勝負ですから、個人トレーダーにとっては、利益がとりにくい面も出てきます。そういうとき、私はコジピボを活用した3分足100本トレードを推奨しています。

コジピボにはATRとVWAP（ブイワップ）も含まれています。VWAPとは、その銘柄のその日の出来高の加重平均のことです。機関投資家が最も重要視する、最も正しい平均買い値です。

このVWAPが描画されることで、コジピボの精度が高まりました。1日の中で抵抗線になる価格、支持線になる価格を、ATRを元にPIVOT表示された固定の価格で確認することができます。それにVWAPをつけることによって、変動する価格に対しても、VWAPによる支持線、抵抗線を表示できるようになったのです。

2）前日終値と6本の線で構成するコジピボ

　図1を見てください。コジピボでは、チャートが色分けされています。中央のPIVOTと書かれている、太い青い線の位置が前日の終値です。この前日の終値を基準として、上はR1、R2、HBOPの価格に、下は　S1、S2、LBOPの価格に線が表示されます。

◆図1

PIVOT（ピボット）

（画像提供）：TradingView

コジピボの構成を詳しく見ていきましょう（図2）。コジピボは
ATRをもとに計算しています。ATRとは、その銘柄の平均的な1日
の値動き幅を示したものです。

上昇相場の場合、前日の終値の上に抵抗（レジスタンス）、下に支
持（サポート）があると考えられます。その関係性を使って、前日終
値の上からATRの半分（2分の1×ATR）までの価格帯をR1、そこ
から1ATRまでの価格帯をR2、さらに、ATRの1.5倍までの価格帯
をHBOP（High Break of Point）と名付けました。

反対に、前日終値の下からATRの半分までをS1、1×ATRまで
をS2、1.5×ATRまでをLBOP（Low Break of Point）と呼んでいます。

図3を見てください。例えばATR＝10円の銘柄では、前日の終
値から＋5円までがR1、＋5円〜＋10円までがR2、＋10円〜＋
15円までがHBOPとなります。S1は前日の終値から−5円までの範
囲ですから、R1からS1までで、1ATRの値幅です。ATRは「その
銘柄が1日に平均どのくらいの値幅で動くかを表しています」から、
もみ合い相場中で、今日の値動きがR1〜S1の範囲で上下していたら、
その日の値動きは前日の終値を挟んで1ATR分です。つまり、今日
はもみ合い継続だったとわかる仕組みです。

もみ合いとは逆に、トレンドが発生した場合は前日の終値から上に
ATR分価格が動くことが基本です。通常の上昇トレンドならR2ま
で上昇します。

ただし、相場は加速することがあります。R2を超えて価格が跳ね
上がった場合、相場が加速していることが読み取れます。

さらに価格が上昇してATRの1.5倍を超えてくると、相場は過熱
している状態となります。

ここで、加速と過熱の違いについて、上昇トレンドを例に触れてお
きます。

◆図2

HBOP High Break of Point	前日終値＋ATR×1.5	過熱 / 加速
R2	前日終値＋ATR	上昇
R1(Resistance)	前日終値＋ATR/2	もみ合い
PIVOT	前日終値	
S1(Support)	前日終値－ATR/2	下降
S2	前日終値－ATR	加速
LBOP Low Break of Point	前日終値－ATR×1.5	過熱

◆図3　ATR10円の銘柄の場合の例

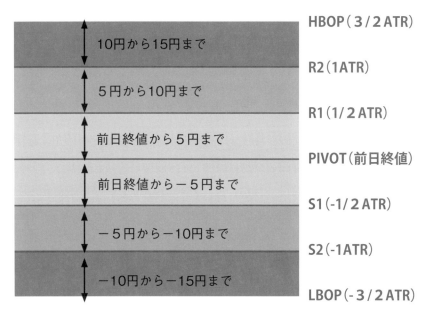

加速では、勢いづいていますから、翌日もさらに上がっていく可能性が高いです。

一方、過熱では、価格が高騰していますから、利益確定の売りが出てきます。翌日には、価格が下がりやすい特徴が見られます。

普段トレードしている銘柄のチャートにコジピボを表示させて、この抵抗線・支持線が機能しているかどうかを確認してみてください。

3）コジピボのトレードポイント

コジピボを使ったトレードのポイントを解説します。

①もみ合い相場のトレードポイント

もみ合い相場ではエントリーしているトレーダーが少ないので、むしろ利益がとりやすいと言えます。

もみ合い相場では、前日の終値を中心に、上はR1、下はS1までの範囲の値動きを捉えます。これが基本です。戦略としては、**R1やS1で明確に反転したことを確認して逆張りする方法**が考えられます。

利益を確定する価格は明確で、基本は「ATRの4分の1」、時に「ATRの6分の1」です。

ロスカット価格は利益確定価格と同様、マイナス方向に「ATRの4分の1」または「ATRの6分の1」動いたところです。

ただし、価格が思惑通り動いた後に、利益確定価格に達する前に明確に反転してきた場合は、ロスカットライン前でも決済します。

もみ合い相場で利益を獲るポイントは、利益確定幅と損切り幅を同額にして、勝率を上げていくことです。そのときにはOCO注文（one cancel the other）を利用します。OCO注文は証券会社ごとに名前が違うこともありますが、買った後に上がったらいくらで決済する、下がったらいくらで決済するかを同時に指定できる注文方法です。一方

◆図4　もみ合い相場のトレードポイント

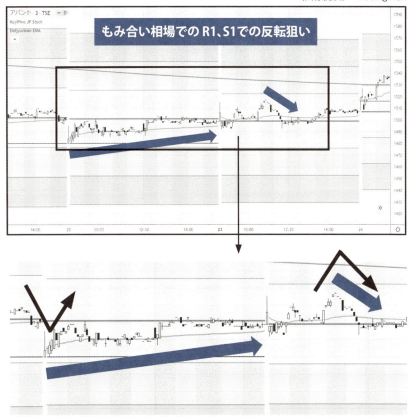

（画像提供）：TradingView

※「もみ合い相場のトレードポイント」のイメージ（丸印を狙う）

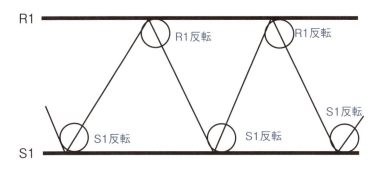

87

が約定したら他方は自動的にキャンセルとなります。

②トレンド相場のトレードポイント

　トレンド相場でR1、S1のラインを明確に超えたらその方向に仕掛けます。ただし、トレンド相場でR2、S2の値位置で明らかに反転した場合は、その戻しを狙うように方向転換します（図5）。

　さらに、トレンド相場がHBOP、LBOPを超えてその後反転し、HBOP、LBOP内に戻ってきたら、その戻しの動きを取ります（図6）。

　このときの注意点が、残り時間のチェックです。残り時間が少ないときは仕掛けないようにしましょう。

　前場が終わるまでの11時15分過ぎ以降（前引け）と、後場が終わるまでの14時45分過ぎ（大引け前）の時間帯は、ポジションを閉じるトレーダーが多くいます。加速相場、過熱相場が反転しだしたのを確認したら、戻しの方向を狙いましょう。

4）仕掛け前には準備が肝心

　トレードするときは、仕掛け前の準備が大切です。今がもみ合い相場か、トレンド相場か、トレンド相場なら加速しているのか、過熱しているのかを、必ず前日までのチャートで確認しましょう。

　トレンドの判定方法はたくさんありますが、私はまず3分足の1000本EMAの傾きをチェックします。これは自動では表示されませんので、手動で表示設定を変更しなければなりません（インジケーター⇒EMA⇒パラメーターを1000に修正）。

　通常の日足トレードでは20日EMAを使っている人が多いと思います。1000本ととても多いような気がしますが、先述の通り、3分足100本で1日ですから、1000本なら10日です。つまり、10日間の移動平均線を3分足チャートで表示すると1000本EMAになるわけです。

◆図5　トレンド相場のトレードポイント　その1

(画像提供)：TradingView

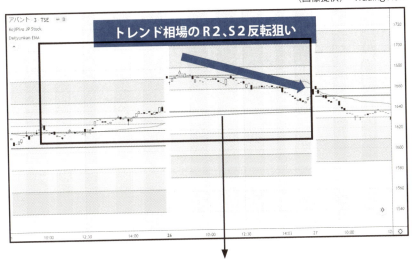

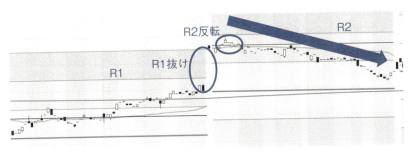

※「トレンド相場のトレードポイント　その1」のイメージ（丸印を狙う）

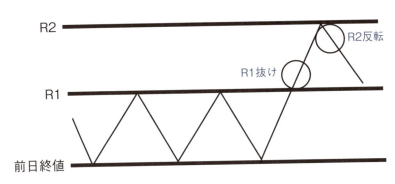

89

◆図6　トレンド相場のトレードポイント　その2

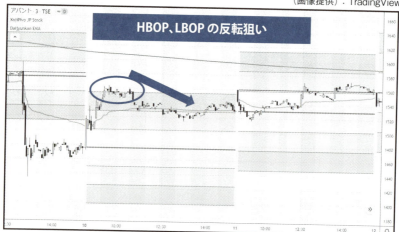

※「トレンド相場のトレードポイント　その2」のイメージ（丸印を狙う）

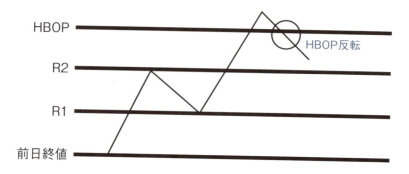

この 1000 本 EMA の傾きが右肩上がりなら上昇トレンド、右肩下がりなら下降トレンド、横ばいの場合はもみ合い相場です。

　加えて、前 5 営業日のコジピボにおいて、R1 や S1 を突破した日数と方向をチェックします。R1 を突破している日数が多い場合は上昇方向にエッジがあると言えますが、上下両方に突破している場合はもみ合い相場となります。

　ただし、これらの情報は頭の片隅に置いておく程度で大丈夫です。なぜなら、前日までもみ合い相場だったところから急にトレンドが発生することがあるからです。逆に、急にトレンドが終わることもあります。前日までの動きは参考として認識しておきます。

　「今、トレードをしている銘柄」以外のチャートも確認することも大切です。例えば、朝一番に NY ダウを見るのは当然のことです。前日に上昇したか下降したかをチェックし、大きく動いていた場合は寄り付きの仕掛けを検討します。

　NY ダウが大きく動いている場合は、次にくりっく株 365 と日経 225 先物をチェックします。なぜなら、東証は朝 9 時に開始されるのに対し、くりっく株 365 は 8 時 30 分から、日経 225 先物は 8 時 45 分から取引が始まるからです。

　例えば、米中問題等で金曜の深夜に NY ダウが大きく下がった翌週月曜日の朝は、ほとんどの場合、日本株も安くスタートします。そこからの動きには 2 通りの可能性があります。

　ひとつは、下がった後、さらに下がっていくパターン。もうひとつは、下がった後に切り返して上がっていくパターンです。

　このとき、くりっく株 365 と日経 225 先物の朝 9 時までの動きを見ることで、朝一番にどう仕掛けるかを考えることができます。前日が加速または過熱している銘柄の場合、つまり HBOP、LBOP の銘柄が、翌日も同じ方向に動き出した場合は順張りでその動きに乗ります。翌

日の寄り付きから反転し始めた場合は反転した方向に仕掛けます。場中の仕掛けは、抵抗線・支持線に達している銘柄を選びます。

5）3つの手仕舞い戦略

最後に手仕舞いについてです。

ロスカットの基本は目標利益と同額です。つまり、基本は「ATRの4分の1」、時に「ATRの6分の1」となります。

1トレードのリスク許容範囲は投資用資金の0.5％です。ただし、仕掛け後、思惑通りにしばらく動いた後に目標利益に達する前に反転した場合は、次の3つの時点での決済を考えてください。ロスカットラインに達するまで待つ必要はありません。

◎ひとつ目は買い値で決済
◎2つ目は最大逆行幅を決めて決済
◎3つ目は VWAP を割れた（超えた）ところでの決済

6）デイトレ指数で銘柄を見極める

3分足100本トレードメソッドを説明します。

まず銘柄を選ぶときに重要なのは、貸借銘柄であることと、3分足がチャートを形成している銘柄であることです。

ひとつめの要素である「貸借銘柄」とは、空売りもできる銘柄のことです。

もうひとつの要素である「3分足がチャートを形成している銘柄」とは、3分足チャートを表示したとき、流動性があり、チャートとし

て抵抗線・支持線がわかるような銘柄を意味します。抵抗線・支持線がありまいだったり、窓を空けてばかりでチャートを形成していない銘柄では、このメソッドを使ってトレードはできません。

デイトレ指数というものもあります。デイトレ指数とは、1日の値動きが購入価格の何％にあたるかを計測した指数で、これを見ることで動く銘柄がわかり、デイトレの資金効率がわかります。計算式は次の通りです。

デイトレ指数＝デイトレ ATR ÷株価

デイトレ ATRとは、通常の ATR と違って、夜間に空けた窓を除いて計算した ATR のことです。計算式は次の通りです。

デイトレ ATR（当日を含む 20 本の ATR）
＝（前日の ATR × 19 ＋本日の H － L×2）÷21

デイトレでは、1日の中で動きがなければ成果が出ません。デイトレ指数は値動きのある銘柄を選定し、利益を獲るための重要な指針です。

7）時間帯を見ながらトレード

株でも FX でも先物でも、「今がどんな時間帯なのか」を把握しながらトレードすることは大切です。

まずは東京時間を理解しましょう。

　東京証券取引所の現物株式の取引は朝9時から始まります。1日の中で一番出来高が多いのが寄り付きと大引けです。寄り付きでは、NYダウの影響を受けて9時半ごろまで最も活発に価格が動きます。そして、その後の方向性が決まってきます。ここでの動きがその日のトレンドになりやすいと言えます。

　9時55分には東京仲値が決まります。これは、その日の貿易のレートです。この影響を受けて為替が動き、株価にも反映されます。

　その後、10時半に中国市場がオープンします。中国市場とドイツは密接な関係があるので、株も為替も動きやすくなります。

　11時ごろになると前場デイトレの手仕舞いタイムとなります。11時半の前引けに向けて動きが大きくなり、それまでのトレンドから反転しやすくなります。11時20分からの10分間は特に注意が必要です。

　後場は12時半から始まります。後場の寄り付きでも価格が動きます。

　13時には中国市場の前場が終了します。ここから14時までは閑散期となり、トレンドがない銘柄は値動きがなくなるか、手仕舞いの注文が出ます。

　14時になると、中国市場の後場が始まり、裁定取引が活発になってきます。

　14時半からは、（デイトレーダーが）手仕舞うタイミングを探る時間です。また翌日への仕込みの時間でもあります。ポジション整理が行われる時間帯です。特に金曜日は手仕舞いが多くなります。14時50分からの10分間は一番価格が動きます。

　このように、3分足100本トレードで考えると、10本ごと（30分ごと）にイベントがあるので注意しましょう。

◆図7　東京時間を分解する①

時　間		動　き
9時	寄り付き	NYダウの影響で大きく上下 9時半までもっとも活発に動き、その後の方向性が決まる
9時半		ここでの動きがその日のトレンドになりやすい
10時	東京仲値	東京仲値（正確には9時55分）で為替が動き、株価に影響
10時半	中国市場オープン	中国市場の動きを受けて動き出す
11時		前場デイトレ手仕舞いタイム それまでのトレンドと反転しやすい
11時半	前引け	直前の10分に動く

◆図8　東京時間を分解する②

時　間		動　き
12時半	後場寄り	後場スタート（ギャップに注意） 取引が活発に（日銀買いが12時45分ごろ）
13時	中国市場終了	日銀買い13時、13時15分ごろ多し
13時半		商い閑散、トレンドがない銘柄は値動きがなくなるか 手仕舞いが出る
14時	中国市場後場スタート	中国市場の後場スタート時間 裁定取引が活発に
14時半		ポジション調整、手仕舞いタイム＆仕込みタイム、 金曜日は特に手仕舞い多し
15時	大引け	直前の10分に激しく動く

8）ＦＸと先物をトレードするときに注意したいこと

　株のデイトレとFX、先物のデイトレの共通点と相違点を説明します。

　共通点として言えるのは、「コジピボの考え方は同じ」ということです。つまり、同じインジケーターを使います。

　相違点としては、株のデイトレは3分足100本トレードとなる一方、FXや先物はほぼ24時間取引があるため、3分足100本トレードは使わずに、1分足や5分足を使うという点が挙げられます。

　なお、FXのデイトレードでは、ローカル通貨や高金利通貨は選ばないようにしましょう。価格が大きく広がると同時にスプレッドも広がるリスクがあるからです。

　適正通貨は米ドル、ユーロ、円、ポンド、カナダドル、スイスフラン、オーストラリア（豪）ドル、ニュージーランド（NZ）ドルです。この8通貨は流動性が高いので覚えておきましょう。トレードをするときは、各国の市場の寄り付き、大引け時間も考慮します。

　トレードの時間帯では次の点に注意します。

　日本時間の朝10時（9時55分）には東京市場仲値で一気に取引量が増えます。また16時にもヨーロッパ市場のスタートで取引量が増えます。

　17時半には英国の経済指標の発表、21時半には米国の経済指標の発表があります。

　ここで注意したいのは、経済指標の内容だけで判断しないことです。経済指標が良くても、予想より悪いという理由で売られることが少なくありません。あくまでチャートを見てトレードすることを推奨します。

24時にはロンドンフィックスで大きな資金が動きます。特に月末や

◆図9

時間帯別取引注意ポイント

10時 東京市場仲値、ここで急に取引量が増える

16時 ヨーロッパ市場のスタートで取引量が一気に増える

17時半 英国の経済指標発表で動く

21時半 米国の経済指標発表で動く

24時 ロンドンフィックスで大きな資金が動く
特に月末、四半期末はすごい

3月、6月、9月、12月などの四半期末には大きな影響が出ます。

　FXのトレードでは、特にロンドン市場とニューヨーク市場の時間が重なる21時から25時までがゴールデンタイムであることを覚えておきましょう。

　さらにロンドン時間、つまり英国トレーダーの動きについても把握しておいたほうがよいでしょう。世界のシェアナンバーワンのロンドン市場は全世界の外国為替取引量の約40％を占めています（※）。その英国の昼休みは現地時間の13時から14時の間。日本時間では21時から22時です。つまり、英国トレーダーは20時半から21時に午前のポジションを手仕舞い、21時半の米国経済指標の発表を見てから午後のトレードをスタートさせるのです。

　英国市場の取引終了は日本時間で25時です。そこから朝の5時まではアメリカ市場の時間になるので、トレンドができていたらその方向に動き続けることが多くなります。変化しやすい時間帯はコジピボの中に描かれていますので特に注意が必要です。

　次に、日経225先物の取引時間について説明します。

　日経225先物には四半期ごとに取引限月（3月、6月、9月、12月）があります。各限月の第2金曜日の前日が最終取引日となり、翌日の第2金曜日が満期日（SQ日）となります。この直前は価格変動が大きくなり、個別株にも影響が出るので、先物をやっていないトレーダーもこのスケジュールは把握しておく必要があります。日経225先物の取引時間は図10の通りです。

※ 2022年の国際決済銀行（BIS）が3年ごとに発行する「中央銀行の外国為替およびデリバティブ市場活動に関する調査」のデータによれば、ロンドンは全世界の外国為替取引量の約38.1％を占めています。

◆図10

	日中立会	夜間立会
プレ・オープニング （寄板前注文受付）	8:00 ～ 8:45	16:15 ～ 16:30
オープニング （寄板合わせ）	8:45	16:30
ザラバ	8:45 ～ 15:10	16:30 ～ 翌 5:55
プレ・クロージング （引板前注文受付）	15:10 ～ 15:15	翌 5:55 ～ 6:00
クロージング （引板合わせ）	15:15	翌 6:00

9）値動きのパターンは 144 通り

　ここからは値動きのパターンの説明です。

　値動きのパターンは全部で 12 通りあります（図 11）。それが前場・後場で現れるので、1 日の値動きとしては 12 × 12 のパターンがあるということになります。

　山（谷）の頂点が R1（S1）に収まるのがもみ合い相場。山（谷）の頂点が R2（S2）近くまで達するのが通常のトレンド相場。山（谷）の頂点が HBOP（LBOP）近くまで行くのが加速相場。山（谷）の頂点が HBOP（LBOP）を超えるのが過熱相場です。

　銘柄によって、同じタイプを繰り返すことがあります。ある銘柄にはどのタイプが多いのかも注意深く観察してください。

◆図11　値動きのパターン

もみ合い4タイプ

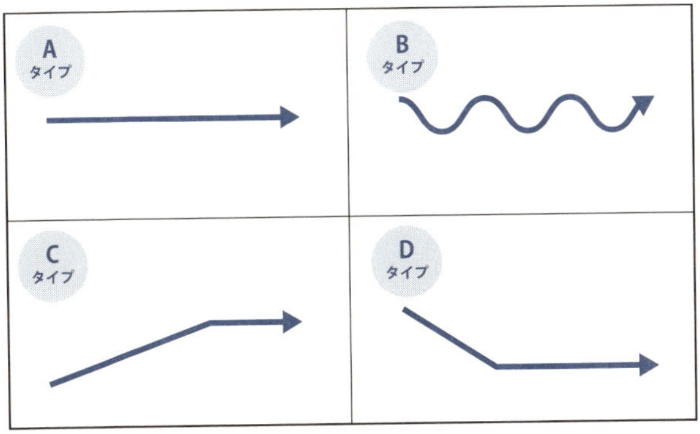

A タイプ	**B** タイプ
C タイプ	**D** タイプ

山型4タイプ

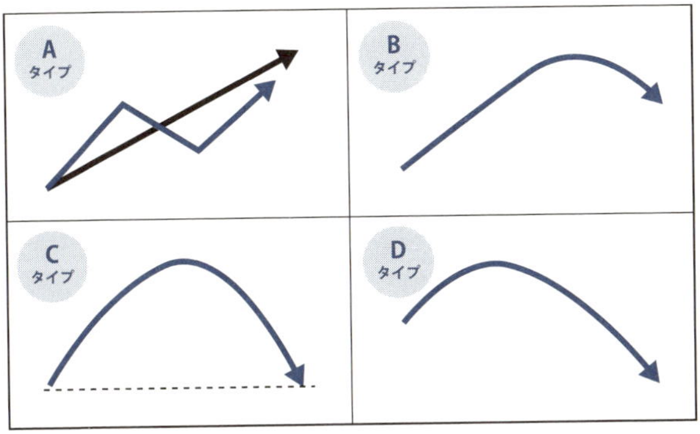

A タイプ	**B** タイプ
C タイプ	**D** タイプ

谷型4タイプ

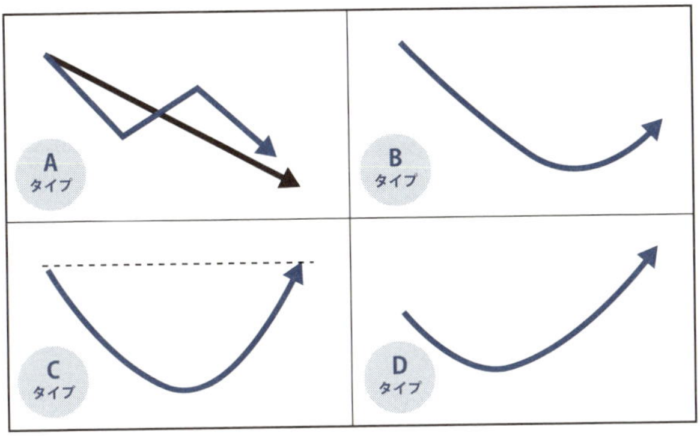

A タイプ	**B** タイプ
C タイプ	**D** タイプ

第6章

トレンドライン&チャネルライン

トレンドの定義はチャールズ・ヘンリー・ダウ氏によって作られました。ダウによるトレンドの定義は次の通りです。

【ダウによるトレンドの定義】

　すべての上昇相場と下降相場は波打ちながら動いていきます。これを波動と呼びます。この波動の中で目先の天井が前の天井より高い、その次の天井は直前の天井よりもさらに高いといった形で次第に切り上がっていきます。また底を比べても、次第に切り上がっていきます。このチャートの状態を上昇トレンドと言います。

　逆に、天井が切り下がり、底も切り下がっていく状態を下降トレンドと呼びます。

　上昇トレンドの渦中では、「買い」も「売り」も「買い方の行為」です（後述）。これが安定した上昇の動きにつながります。一見して天井も底も切り上がっているチャートだったとしても、景気の好循環が続くなどがなければ安定した上昇トレンドとは言えません。

1）トレンドの継続性

　トレンドには、継続する性質があります（図1）。

　「なぜ継続するのか」というと、上昇トレンドでは買う行為も売る行為もすべて、「買い方」が支配しているためです。一時的な下げ（押し目）は、買い方がいったん利益を確定しようと決済売りをするためです。そのことによって相場は下げ方向の圧力を受けます。

　しかし、ある程度下がったところでまた買い直しが入るので、今度は上昇圧力がかかり、再び価格は上がっていきます。

　このような流れで上昇トレンドは形成されていきます。プロの間では、このようなチャートを「玉の回転が利いている」という言い方をします。

104

◆図1

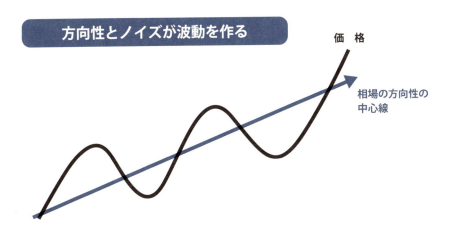

さらに詳しく見ていきます。

トレンドには「方向性」と「ノイズ」があります。価格はただ一直線に上昇したり下降したりしません。波打ちながら上昇、下降を繰り返します。この波の部分をノイズと呼び、ノイズの中に引いた中心線を方向性といいます。

2）トレンドラインの引き方

トレンドラインを引くことには、以下のように2つの意味があります。

①今のチャートにどのようなトレンドがあるのかを見分ける、あるいは、わかりやすくする
②トレンドの終わりの予兆を知る

上昇トレンドの基本的なラインの引き方とは、波動の底同士をつなぐやり方を指します（図2）。一方、下降トレンドでは、天井同士をつなぎます（図3）。

　上昇トレンドで底をつなぐ理由は、価格がトレンドラインを下回ったら、その上昇トレンドは終わりを告げたと考えるためです。

　同様に、下降トレンドで天井をつなぐ理由は、天井のラインを価格が上回ったときには、その下降トレンドが終わったと考えるためです。

　このように、**「トレンドの終わりの予兆にいち早く気づくためにトレンドラインを引く」**ことの重要性に気づいてください。

3）チャネルラインの引き方

　チャネルとは、水路のことです。水路の中を水が波打ちながら流れていくように、一定の幅の間を価格が波打ちながら形成されていく様子をイメージするとわかりやすいでしょう。

　上昇トレンドを例に見ていきます。先述の通り、上昇トレンドのトレンドラインは底をつないで引きます。チャネルラインはそのトレンドラインと平行に、天井同士をつないだラインを引いて価格を挟み込むように描きます。

　ただし、天井をつないだだけのラインとは違い、天井に対してトレンドラインに平行に引くところがポイントになります。

　チャネルラインを引くことには、次のような理由があります。

①トレンド終了の予兆を感じとる
②トレンドのノイズの幅がわかる

◆図2

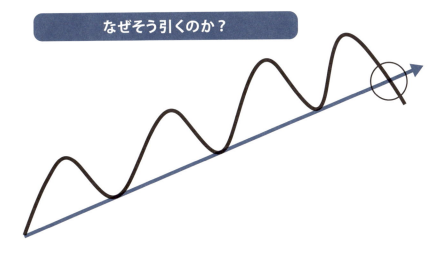

◆図3

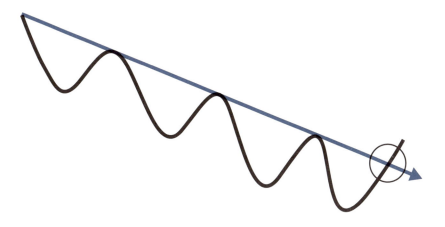

①について、上昇トレンドを例に説明します。チャネルラインの上限まで届かずに価格が下がっていき、その後、トレンドラインも下回れば上昇トレンドの終わりが予想できます。

②は、一時的な下げ（押し目）を、どこまで我慢すればよいのか、判断しやすくするためです。ノイズの幅の範囲内であれば、押し目だとわかり、ポジションをそのまま持ち続けることができます。

逆にノイズの幅を逸脱、つまり、トレンドラインを下抜けてくるようだとトレンド転換の可能性が高くなると考えられます。このときは、決済を考えなければなりません。

トレンドを制するには「ノイズの幅を理解する」ことがとても重要です。そのノイズの幅を理解するためにチャネルラインを活用するのです。

【チャネルラインの引き方3カ条】

①上昇トレンドの場合
・トレンドラインと平行
・価格の天井がすべて入る
・上記の条件のもと、価格に最も接近するように引く

②下降トレンドの場合
・トレンドラインと平行
・価格の底がすべて入る
・上記の条件のもと、価格に最も接近するように引く

4）トレンドライン、チャネルラインの応用　※図5

トレンドラインとチャネルラインを活用すれば、トレンド転換を確実に見抜くことができます。

108

◆図4

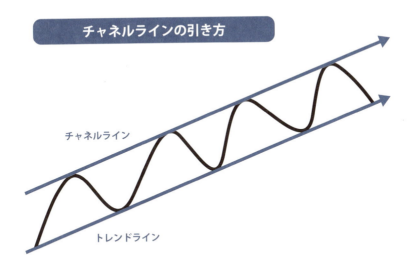

◆図5

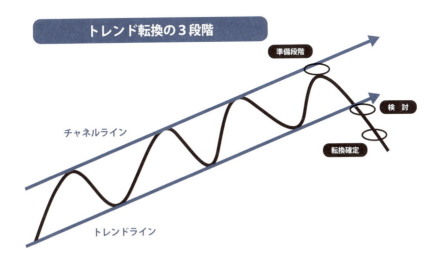

上昇トレンドを例に見てみましょう。

　最初のポイントはチャネルラインの上限に価格が届かないことです。次に価格がトレンドラインの下限を下回っていくこと。最後に、前回の安値を価格が下回ったときに上昇トレンドが破綻し、トレンド転換が起きます。これをトレンド転換の3段階と呼びます。覚えておきましょう。

【トレンド（上昇トレンド）転換の3段階】

①未達成（準備段階）＝価格がチャネルライン上限まで届かない
②トレンドライン割れ（検討）＝価格がトレンドラインを割り込む
③前回の安値割れ（転換確定）＝価格が前回の安値を下回る

第7章

トレンドの初動を見つける「中間波動」

第1節
中間波動とは

　神藤将男です。このたび、小次郎講師こと手塚宏二氏の書籍に共著ということで参加させていただくこととなりました。ここでは、私が長年研究している**「中間波動」**について紹介します。

　私は、チャート分析を研究していく中で**「トレンド相場をしっかりと獲るにはどうすればよいか」**を、常に考え続けてきました。図1は「安定した上昇トレンドの図」です。細かな上げ下げはありますが、安定したトレンドを形成しています。こういう相場は是非とも獲りたいところです。

　「トレンド相場を獲る」にあたって、「トレンドの初動とトレンドの終わりを見極めることが大事である」ということについては、誰もが当然のことだと思っています。しかし、その思いとは裏腹に、投資家の多くはトレンド相場の初動を発見できず、トレンド相場の後追いをしているにすぎないという感想を抱いています。

　トレンドの初動を狙うには何をするべきか？

　私は、この問いに答えるべく、多くの投資家が興味関心を持たない**"トレンドがないところの中間波動"**に着目しました（図2）。トレンドは"トレンドのない"ところから生まれるからです。結果的に、そのポイントを注意深く見ていくうちに、トレンドの初動を狙うことが

◆図1　トレンド相場の図

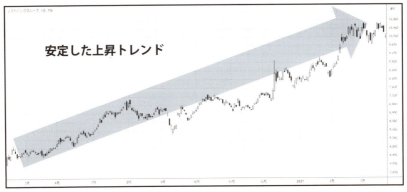

（画像提供）：TradingView

◆図2　中間波動の図

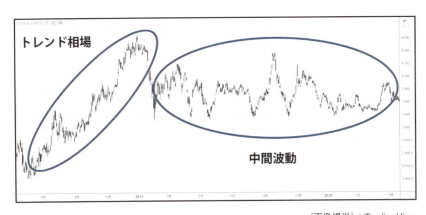

（画像提供）：TradingView

できるようになりました。発想の転換というものです。

　ここで紹介した中間波動とはどういったものなのか。また、どうすればトレンドの初動を見抜くことができるのか。そのことについて、これから詳しく解説していきます。

　「中間波動」を理解すればトレードに対する考え方が変わります。考え方が変われば、トレードの内容も変わります。トレードの内容が変わればトレンドの初動を正しく狙うことができるようになります。最終的には、多くの個人投資家が悩んでいる銘柄選びにまで、大きな影響を与えるようになってきます。この機会にしっかりと中間波動を学んでいきましょう。

１）概要

　相場は、「トレンド相場」と「トレンドがない相場」に分かれます。そして、トレンド相場は、価格が上がっていく上昇トレンド、価格が下がっていく下降トレンドに分かれます。そして、トレンドがないところを普通は「もみ合い相場」と呼びますが、私はそのトレンドがないところを「中間波動」と名付けて研究しています。

　トレンド相場では、大きな値動きが期待できるので、当然、そこには大きな利益を獲るチャンスがあります。言うまでもなく、多くの投資家が注目するところとなります。

　一方で、トレンドがない相場というのは、利益も獲れないし、難しい動きをするため、投資家の注目度は低くなります。例えば、皆さんにも次のような経験があるのではないでしょうか。

　大きく上昇しているチャートに目がいき、「この銘柄が上がる初動で買っていたら……」と指をくわえて見ていたら、しばらくしてから価格が下がってきたので２匹目のドジョウを狙いにいったところ、大

して上がらずに動きがなくなり、最後は損切りすることになってしまった。

これは、トレンド相場の後追いをした結果にすぎません。個人投資家のほとんどが経験していることだと思います。

そのほかにも、「自分が買えば下がる」「自分が売れば上がる」といったことや、「買っても売ってもうまくいかず、振り返れば一定の値幅で上下しているだけだった」といったことを経験したことも多いでしょう。

こういったケースの多くは、実は「中間波動の中でトレードしているとき」に起こりやすいのです。チャートを遡ってみると、よくわかります。

私は、トレンド相場を獲るためには、トレンド相場を正しく理解する必要があると考えています。そして、そのためには、トレンドがないという「中間波動」について知ることが大事なことに、長年の研究から気づきました。

トレンド相場を狙うには、中間波動の攻略が必要不可欠です。中間波動を深く理解することが、トレンド相場を狙う最短ルートになるからです。

2）中間波動に注目する理由

中間波動とはトレンドがないところですので、トレードを真剣に行う局面ではありません。なぜなら、中間波動でトレードをしようと思っても、わかりやすい上昇や下降がないために非常に難しく、初心者の方や中級者の方にとっては「買ったら下がる。売ったら上がる」という局面になりがちだからです。相場の動きに振り回されるだけで、うまく利益を上げることはできないでしょう。

115

なぜそんな難しい局面が大事になるのでしょうか？

それは、チャートの成り立ちを理解すると簡単にわかるはずです。チャートは上昇トレンドと下降トレンドの2つだけで構成されているのではありません。**上昇トレンドと下降トレンドの間にはトレンドがない中間波動が混在しているのです**。そして、その中間波動が混在することでチャート分析のレベルが一気に上がり、結果としてトレードが難しくなるのです。

しかし、それは、トレンド相場という目線でマーケットを見ているから起こることでもあるのです。中間波動という目線でマーケットを見ていくと、中間波動は単に利益を上げにくい局面ということではなく、エネルギーを蓄積している時間、要するに次のトレンド相場の準備期間であることがわかります。火山でいうところのマグマがどんどんたまっている状態なのです。そのことがわかると、「中間波動＝相場の肝となる部分であること」、さらに「中間波動を制する者がトレンド相場を制すること」も理解できると思います。

このように、神藤流はトレンド相場よりも中間波動を意識することでトレンド相場をしっかりと狙っていくという考え方となります。

第2節
トレンド相場と中間波動

1）波動を理解する

　多くの投資家が興味を抱く「トレンド相場」と、興味を持たない「中間波動」について見ていきましょう。

　トレンド相場の基本を確認しましょう。基本的に、チャートを見て上がっていれば上昇トレンド、下がっていれば下降トレンドという理解になるわけですが、より深くトレンドを把握するには「波動」という言葉を理解しておく必要があります。

　波動という言葉は「波の動き」となります。相場の世界では価格変動ということになります。価格が上がっていけば、まずひとつの波動ができます。それを「Ｉ波動」と言います。その後、価格が下がればアルファベットの「Ｖの逆の形」ができます。それを「Ｖ波動」と言います。そして、今度再び価格が上がればアルファベットの「Ｎ」の形になり、これを「Ｎ波動」と呼びます。このＮ波動の動きがトレンドを読み解く基本となります。Ｎ波動には３種類あります。ひとつずつ見ていきましょう。

①上昇のＮ波動
　まずは、上昇のＮ波動です。この場合は、「Ｎ」といっても最初の

117

Ｉ波動の高値よりも最後のＩ波動の高値が高くなるものです。そして、安値も切り上がる動きとなります。つまり、高値が切り上がり、安値も切り上がるパターンです。この高値が切り上がる、安値も切り上がるという動きが上昇トレンドを形成するには大事なことなのです。この上昇のＮ波動が連続していくことでしっかりとした上昇トレンドが形成されるのです。

②下降のＮ波動

次に下降のＮ波動です。これは上昇のＮ波動の反対の動きとなります。高値が切り下がり、安値も切り下がる動きとなります。この下降のＮ波動が連続していくことでしっかりした下降トレンドが形成されます。

③もみ合いのＮ波動

最後にもみ合いのＮ波動です。このもみ合いのＮ波動にはさらに３つの種類がありますが、まずは基本のもみ合いのＮ波動を見ていきましょう。

「もみ合いのＮ波動」は高値も安値も更新せずに高値が同じ、安値も同じ動きとなるという、もみ合いのＮ波動の基本形となります。高値を切り上げていませんので上昇トレンドではなく、安値も切り下げていないために下降トレンドでもないということです。したがって、トレンドがない、つまり「もみ合いの状態である」と判断できるのです。

ただし、このもみ合いのＮ波動には３種類あると言いました。では、残りの２つがどういったものかを見ていきましょう。

「拡大型」は、「Ｙ波動」と呼ばれるものです。これは、高値が切り上がるものの、安値は切り下がり、上昇トレンドでも下降トレンドでもないもみ合い相場です。基本のもみ合いのＮ波動は高値、安値が同じに対して、Ｙ波動はエネルギーが拡大していくパターンのもみ合

◆図3 波動の種類

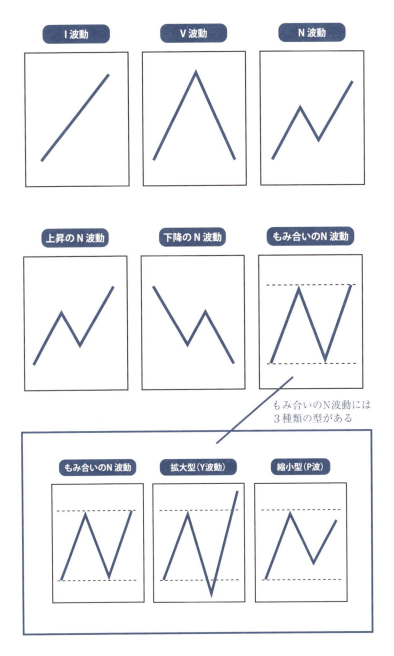

いの N 波動です（ちなみに、なぜ Y 波動と呼ぶのかというと、Y を横向きにしたら拡大して見えるという、やや強引な理由によります）。

「縮小型」は「P 波動」と呼ばれるものです。高値が切り下がり、安値は切り上がっていくパターンのものです。拡大型の動きを見せる Y 波動に対して、P 波動は収束していく動きになるパターンです。

このように、N 波動と言っても、実に多くの値動きのパターンがあります。大事なことは、それぞれのパターンを理解することです。価格がどういった推移をしているかがよくわかるようになる、ということです。

もうおわかりのように、上昇の N 波動や下降の N 波動の連続しているところがトレンド相場であり、それ以外のもみ合いの N 波動が出ているところが中間波動となるのです。これらを意識してチャートを見ることで、チャートの捉え方も大きく変わっていきます。今までとはまったく異なった見え方となります。

2）トレンド相場と中間波動の関係について

次に、このトレンド相場と中間波動の関係を見ていきましょう。相場が上昇トレンドと下降トレンドだけで形成されていれば、トレードはものすごく簡単になります。上がるところは買いで狙い、下げてくれば利益を確定してからすぐ続けて売りで利益を狙えばよいからです。

ところが、実際のチャートの値動きはどうでしょう。上記のような簡単なものではありません。上がったと思えば下がり、下がると思えば、今度は中間波動になる。このように、トレンド相場と中間波動が混在しています。しかも、ランダムに混在するため、多くの投資家がその価格変動に振り回されてしまうのです。つまり、トレンド相場を追いかければ追いかけるほど、トレンド相場の終わりを少しかじれる

◆図4　トレンド相場と中間波動の関係（図2再掲）

未来永劫、このような一本調子で相場が動いてくれれば簡単だけど……

実際は

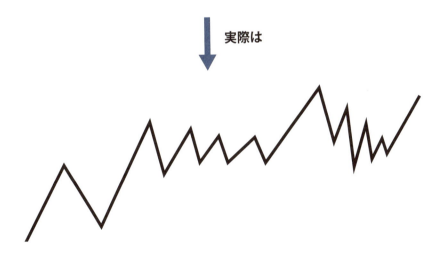

トレンド相場と中間波動が混ざっているので、「上がったと思えば下がり、下がったと思えば上がり」に振り回されてしまう

かどうかで終わり、トレンド相場の一服後を狙おうとしても、もうすでにトレンド相場が終わっているという罠に陥ることになるのです。

そこで、考え方を180度切り替えて、私は中間波動に注目することにしたのです。中間波動の間は値動きがややこしくとても利益を狙えるような値動きではありませんが、この中間波動が終わると、打って変わってわかりやすいトレンド相場になるのです。要するに、この**中間波動が終わるところを狙えば、転じてトレンド相場の初動を狙うことが可能になる**のです。

このように、中間波動ベースの視線に切り替えてチャートを見ることができるようになると、腰を据えてチャートに付き合えるようになります。今まで、トレンドがあるところを探し、トレンドが発生しているところで慌ててトレードする流れだったとしたら、中間波動を探してください。そこはトレードするところではないからです。中間波動では動かず、中間波動が終わるまでしっかりと引き付けてください。そうすることで、トレンドの初動を狙うことができるのです。トレンドの"後追いトレーダー"からトレンドの"初動狙いトレーダー"へと変貌することが可能になるのです。

そして、神藤流では、この考え方を違った角度で捉え、トレンド相場を「動」とし、中間波動を「静」と考えます。厳密には中間波動でも価格は変動していますが、大きな流れから「動」と「静」と捉えてチャートを見ることで、価格の変化をいち早く察知することができます。さらに、トレードにも活かすことができるようになります。この神藤流の「動」と「静」という考え方や感覚を身につけましょう。

◆図5 「動」と「静」

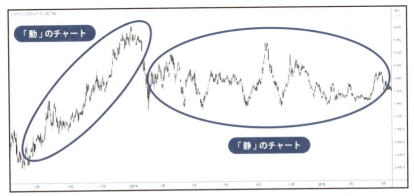

(画像提供):TradingView

第3節
トライアングルを理解する

　中間波動を捉える入り口として、代表的な「トライアングル（三角形)」を理解するところから始めましょう。

　トレンド相場が「動」であれば、このトライアングルは「静」ということになります。さまざまなチャートを俯瞰的に見ていくと、大小ありますが、いずれにせよチャート上に三角の形状が浮かび上がってきます。このトライアングルを意識していくことでトレンド相場の初動を狙うチャンスが一気に増加します。

　では、トライアングルがどういったものかを確認していきましょう。

　トライアングルを理解するにはトレンドラインを理解する必要があります。このトレンドラインに関しては、第6章をご確認ください。

　トレンドラインを引いたときに、上昇トレンドでも下降トレンドでもない三角形ができるのがトライアングルです。トライアングルはチャート上で見つけやすいパターンです。これは、トレンドのない中間波動となりますので、このトライアングルが終わるところを狙えば、必然的にトレンドの初動を狙っていることになります。

　このトライアングルには時間足などで出現する小さなものから、週足や月足で出現する大きなものまであります。それぞれ、小さな中間波動、大きな中間波動として捉えていきます。本章の第6節「フラクタルから中間波動を活用する」で解説しています。

124

◆図6　トライアングルのイメージと実際

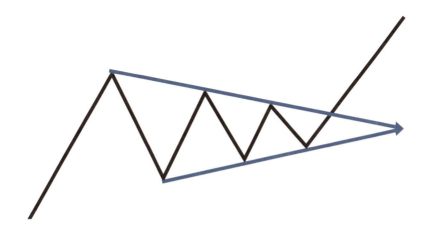

（画像提供）：TradingView

トライアングルを意識するメリットは、「（トライアングルは）終わりがわかりやすい」というところにあります。トライアングルの中で価格が上下するわけですから、上のトレンドラインと下のトレンドラインは、いずれは必ずくっつきます。そのくっつく前に価格はトライアングルをどちらかに抜けていきます。だから、終わりがわかりやすいのです。

中間波動の終わりがわかりやすいということは、裏を返せば、トレンド相場の初動を狙いやすいということになります。だからこそ、中間波動を攻略する第一歩はトライアングルの攻略ということになるのです。

次ページの図の例（トライアングル）を見ていきましょう。今回は上放れのパターンで見ていきます。

高値が切り下がり、安値は切り上がり、トライアングルが形成されています。上値抵抗線と下値支持線がクロスする前にトライアングルは上下どちらかに抜けていきます。それまでは価格変動が収束していましたので、イメージとしてはエネルギーを圧縮しているような感じになります。

その後、上値抵抗線を超えてきたところで圧縮されていたエネルギーが一気に放たれ、収束していた値動きが発散されるのです。

収束しているときは、（買い方も売り方も）仕掛けても大きな利益にならないですし、かつ大きな損失にもなりません。ポジションは蓄積されていますが、値動きが収束していきますので、買い方、売り方ともに「どちらに抜けるか」に注目がいきます。この状態で上放れると、買い方の利益は大きくなります。同時に、売り方の損失も大きくなるのです。買い方は自信を高めて攻めていきますし、売り方はあせって手仕舞いの買い戻しを出してきます。その結果、買いが集中するので、値動きが一気に大きくなるのです。

126

◆図7 チャートの「形」で絶好の買い場を見極める

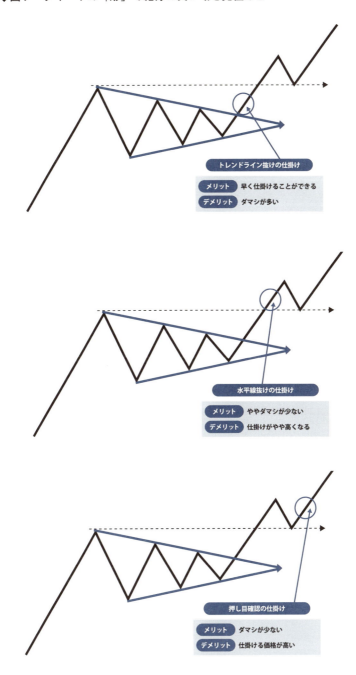

それでは、どこが仕掛けかを、引き続き、買いの場面で見ていきましょう（※売りの仕掛けは買いの反対になります）。

　最初の仕掛けポイントは、トレンドラインを抜けてきたところです。ただし、ここではそれなりにダマシもあります（前ページ上段の図）。
　次は、トライアングルが形成されたときの高値を更新したところです。ここでは、最初の仕掛けよりはダマシが少なくなりますが、若干、価格は高くなります（前ページ中段の図）。
　最後は、高値を更新した価格が押し目を付けたときに、更新した高値でサポレジ転換したところとなります（前ページ下段の図）。サポレジ転換とは、今まで抵抗線だったところを突破した後、価格調整が起こり、突破した抵抗線に接近してくることです。突破した抵抗線は今の価格に対しては、今度は支持線になるのです。そこで、しっかりとサポートされれば、サポレジ転換をしたと判断されます。最後の仕掛けのところでは、ダマシがぐっと減りますが、その分、買う値位置は高くなります。

　ここで、大事なことをお伝えします。皆さんは、この３つのポイントの「どこで仕掛けるのが正解か」を気にしているのではないでしょうか。実は、それぞれの仕掛けには、それぞれのメリット、デメリットがあります。そのことを理解することが大切です。どこが正解というのはありません。
　例えば、早く仕掛けたい方は、トレンドラインを抜けたところを仕掛けポイントとして考えるでしょう。そのときに、「ここが仕掛けの絶対の正解だ」という間違った理解をしてしまうと、価格がその後に反対方向に動いてしまったときに、このトレンドライン上抜けがダマシだったとは思わずに、「その動きは一過性だろう」と勘違いしてしまうことになります。その結果、取り返しのつかない損失につながっ

128

たりするのです。

　逆に、「正解はない」と理解していれば、「安い価格で仕掛けられるというメリットはあるものの、ダマシも多いので、逆方向に動いたときには素早くロスカットで対処しよう」という判断ができるのです。極端に言うと、「トライアングル中であっても、そろそろ上下の2本のトレンドラインがクロスするころだから、トレンドラインを抜ける前でも早めに仕掛けよう」という判断もできるのです。

　ただし、当然ながら相当ダマシが多いことを理解したうえで仕掛けることになります。ダマシになる確率がそれなりにあると理解しているからこそ、早めのロスカットができるのです。

　このように、いくつもある中間波動の中でも、終わりがわかりやすく、なおかつ、見つけやすいトライアングルを正しく理解することで、トレンド相場の初動を狙うことができるようになるのです。

第4節
トレンド継続のときに出やすい、中間波動のパターン

　ここからはチャートの「形」について解説していきます。

　なぜパターン（チャートの形）を知ることが必要なのかというと、相場は一直線に上がったり下がったりするわけではないからです。上がっている相場でも途中に休憩のような横ばいの動きが出てきます。これを階段に例えて「踊り場」と呼んだりもします。この中間波動（踊り場）が長かったり短かったりすると、その値動きに振り回されてしまうことが多くなるのです。

　中間波動には2種類のパターンがあります。ひとつは「底打ち転換（トレンド転換）」、もうひとつは「トレンド継続の中の一時的な切り返し」です。中間波動を理解し、パターンを知っておくことで、「トレンド継続なのか、それともトレンド転換なのか」という目線でチャートを見ることができるようになります。横ばいの動きに振り回されにくくなります。

　中間波動を理解するために知っておくべきトレンド継続のパターンは7種類あります（次ページ上段）。まずは形状を頭に入れておきましょう。

　ただし、形状も大事ですが、一番大切なのは「なぜその形ができるのか」という、売り方と買い方のパワーバランスの経緯を考えることです。

130

① 「トライアングル」……横ばいの三角形
② 「ペナント」……上値切り下げ、下値切り上げの三角形
③ 「フラッグ」……平行四辺形
④ 「ウェッジ」……鋭い三角形
⑤ 「ボックス」……横ばいの四角形
⑥ 「中段ダイヤモンド」……菱形
⑦ 「中段三尊」……トリプル

　初心者の方はまず①〜③をしっかり覚えましょう。「なぜ、これが必要か」と言うと、上がっていた（下がっていた）相場が高値（安値）を付けて下がり（上がり）出したとき、このトレンド継続のパターンを知っていれば、あせって手仕舞いすることなく、保有し続けることができるからです。

　以下、　上記の①〜⑦について、買い目線を基本としたときを例にして、それぞれ解説します。

1）トレンド継続パターン①：トライアングル

　これは高値同士と安値同士を結んだ線が三角形になるパターンです。例えば、買い目線のとき、買った株が上がったら、ある程度のところで利益確定したくなりますよね。その利益確定売りと、そこから新たに買っていこうとする買い方との攻防で徐々に横ばいの値動きになるものの、やがて買い方に勢いが出て、再び上昇トレンドとなっていく流れがトライアングルです。このとき、売りポジションを持っている人からすると、「やはりもうだめだ」と決済（＝買い戻し）したくなると思います。実際、三角形でも安値が切り上がっていることから、買い方が優勢であることがわかります。

　トライアングルの買いの仕掛けのタイミングは直近の高値を超えたところです。下降相場の場合はその反対で、直近の安値を割ったところが売りを仕掛けるタイミングです。

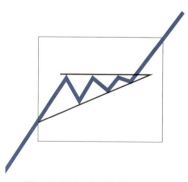

買い方が徐々に攻め込んで
再び買い方に勢いが出る

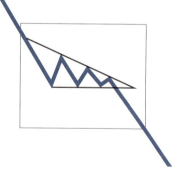

売り方が徐々に攻め込んで
再び売り方に勢いが出る

2）トレンド継続パターン②：ペナント

　これは「トライアングル」に似た形ですが、安値切り上げ・高値切り下げのパターンです。この形ができる理由もトライアングルに似ています。例えば、上がっていた相場で利益確定売りが出て、横ばいの動きになったとき、買い方と売り方、どちらも勢力が弱まりながらも、最後に再び買い方に勢いが出るという動きです。

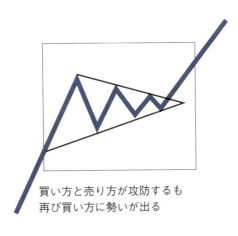

買い方と売り方が攻防するも
再び買い方に勢いが出る

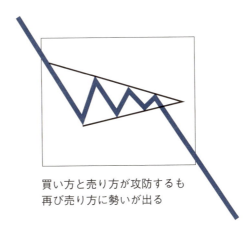

買い方と売り方が攻防するも
再び売り方に勢いが出る

腕相撲で力が互角のときには、真ん中で小動き状態が続くことと同じで、買い方と売り方の力が拮抗しているときは動きが小さくなります。そして、勝負が決まるとき、どちらかに勢いよく動くのです。

　仕掛けのタイミングは2回です。1回目の仕掛けのタイミングは、三角形を抜けたところです。そして、2回目の仕掛けのタイミングはペナントの最初の高値を超えたところです。下げ相場はその反対です。上がっていた相場は6割くらいの確率で再度上がっていく傾向にあります。ただし、裏を返せば、4割くらいの確率で反落する場合もあるわけですから、動きをよく見ることが何よりも大切になります。

3) トレンド継続パターン③：フラッグ

その名の通り、「旗」のような形になるパターンです。

買い目線で説明します。先ほどの「トライアングル」と「ペナント」は、上がっていた相場が横ばいになった形でしたが、この「フラッグ」は下向きになるところが特徴です。上がっていた相場が下げ出したわけですから、そのままトレンド転換する可能性もあります。トレンド継続なのか、それともトレンド転換なのか、ここでも注意深く見ていく必要があります。

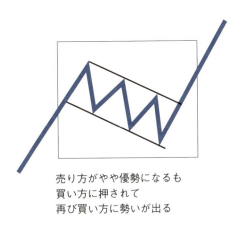

売り方がやや優勢になるも
買い方に押されて
再び買い方に勢いが出る

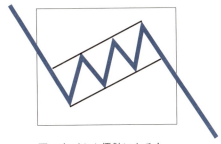

買い方がやや優勢になるも
売り方に押されて
再び売り方に勢いが出る

「フラッグ」とは、相場が上がっていたときに売り方がやや優勢になることで、高値も安値も切り下がるものの、大きく下がることはなく、再び買い方が息を吹き返し、上昇していくパターンです。買い方からすれば、それまで下がり出して不安に思っていたところで、高値を結んだ線を超えるわけですから、「よし！」とばかりに勢いが増します。

逆に、売り方からすると、上昇していたものが下がり始めてチャンスが来たと考えて「いつ決済しようか」と思っているところで、高値を結んだ線を超えたわけですから、「もうだめだ」と決済（＝買い戻し）に走るわけです。

買いの仕掛けのタイミングは、高値同士を結んだトレンドラインを超えて上昇したところと、「フラッグ」が始まったところの高値を超えたときです。

ただし、上げ相場が下がってきたときに「これがフラッグだ」という確信を持てるわけではありません。トレンド継続なのか、トレンド転換なのか。両方を視野に入れながら相場を見ていくことが大切です。下げ出したときに、トレンド転換だけでなく、トレンド継続かもと考えて相場を見ていれば、上げ出したときには買いを仕掛けられるようになります。しかし、下げ出した時点でトレンド転換一択で考えてしまうと、下がる前提でチャートを見ているわけですから、再び上げ出しても買いの仕掛けができません。

4）トレンド継続パターン④：ウェッジ

　これはとても難しいです。フラッグは高値と安値が平行に下がるので、「もしかしてフラッグかな？」と考えることもできますが、この「ウェッジ」は上昇相場から鋭く下がるので、トレンド転換だと思ってしまうことのほうが多いです。ただ、この「ウェッジ」という形を知っていれば、「トレンド転換なのか、トレンド継続なのか」を、両方ともに見据えながら値動きについていくことができるので、上がり出したときには買うこともできるのです。

売り方優勢の動きになるも
買い方が勢いを取り戻す

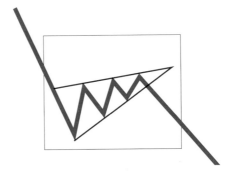

買い方優勢の動きになるも
売り方が勢いを取り戻す

（コラム）

トレンド継続波動の「フラッグ」「ウェッジ」は「3」と「5」が大事

③のフラッグと④のウェッジは、上昇中に下がり、下降中に上がる動きを見せます。

では、それらの動きの終わりを読み解くヒントはないでしょうか。私は、中間波動を追いかけていく中で、フラッグやウェッジが発生したときに、3波動の調整や5波動の調整が多いということに気づきました。ここで言う3波動や5波動というのは、フラッグやウェッジの中の上げ下げの波動の数のことです。つまり、3波動目の調整が終わった後にトレンド再開、もしくは、5波動目の調整が終わった後にトレンド再開となるケースが多いということです。3波動目の調整では、ややダマシがありますが、5波動目の調整が終わった後では、ダマシも少なく、トレンドの初動を狙える確率が高くなります。

ここで、大事なことは、この文章をうのみにして3波動目が終わったからトレンドの初動を狙って仕掛けるとか、5波動目の調整が終わった後だから間違いなくトレンドの初動を狙えるというように思い込んではいけないということです。3波動目が終わる、5波動目が終わるということは、フラッグやウェッジの調整が終わり、トレンド発生の可能性がある局面にきたから仕掛ける準備をして、チャートの変化を捉えていくのです。これまでにも波動の話をしました。上昇相場の後にフラッグやウェッジができているということは、それまでの上昇相場での「上昇のN波動」が終わり、「下降のN波動」に切り替わっているということです。そこで、3波動目、もしくは5波動目が終わって、1本目の上昇が

138

◆図8 「3波動目」と「5波動目」が大事

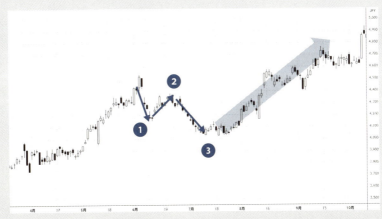

(画像提供):TradingView

(画像提供):TradingView

出てきたところでは、仕掛ける準備をしながら波動の変化を確認する必要があるのです。

　1本目の上昇は「Ｉ」波動でした。次に2本目の波動の「Ｖ」波動、その次の3本目の「Ｎ波動」が「下降のＮ波動」から「上昇のＮ波動」に切り替わってくることが仕掛ける条件になります。3波動や5波動が終わるところは、それを確認する時間帯になったことを教えてくれるのです。ゆえに、そこを仕掛けのポイントと決めつけると、ダマシに遭ったときに、「習ったことと違う」と言い出すことになるのです。どんなインジケーターでもチャートパターンでも仕掛けるポイントはありますが、それをうのみにするのではなく、なぜ、そこがポイントなのかを理解することがトレードの成果を上げる近道になるのです。もちろん、3波動や5波動が終わったところからトレンドが発生することが多いので、見切り発車するという考え方もあります。その場合は、ダマシも相当多くなることを理解したうえで臨んでいきましょう。

5）トレンド継続パターン⑤：ボックス

　今度は、上がっていた相場が横ばいになって再度上がるわけですから、今までの形に比べれば簡単です。

　横ばいの期間が長ければ長いほど、トレンド継続となる確率が上がるように思います。

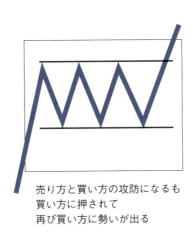

売り方と買い方の攻防になるも
買い方に押されて
再び買い方に勢いが出る

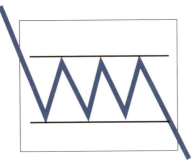

売り方と買い方の攻防になるも
売り方に押されて
再び売り方に勢いが出る

6）トレンド継続パターン⑥：中段ダイヤモンド

　これは上級者向けです。トレンド転換のパターンとして出現する「ダイヤモンド」がありますが、それとは違い、動きとしては小さく、ほぼ横ばいで出現します。

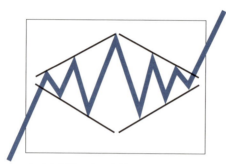

売り方と買い方の攻防になるも
買い方に押されて
再び買い方に勢いが出る

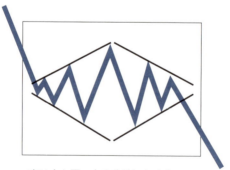

売り方と買い方の攻防になるも
売り方に押されて
再び売り方に勢いが出る

7）トレンド継続パターン⑦：中段三尊

　これも上級者向けです。「ダイヤモンド」同様、トレンド転換のパターンとして天井圏に出現するものに「三尊」がありますが、この「中段三尊」もそれとは違い、値動きとしては小さく、ほぼ横ばいで出現します。

売り方と買い方の攻防になるも
買い方に押されて
再び買い方に勢いが出る

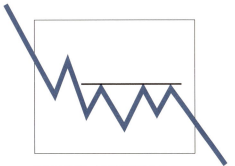

売り方と買い方の攻防になるも
売り方に押されて
再び売り方に勢いが出る

以上、単にパターンを覚えるだけではなく、「トレンド継続なのか」「トレンド転換なのか」「それがどこで完成するのか」まで見届けることが大切です。まずは、高値と安値を結んだ線をたくさん引いてみましょう！

第5節
トレンド転換のときに出やすいパターン

　ここからは、トレンド転換時に出やすいパターンを紹介します。知っておくべきトレンド転換のパターンは 7 種類あります。まずは形状を頭に入れ、そこから名前を覚えていきましょう。

　ではなぜ、中間波動とは関係のなさそうなトレンド転換の形を覚えるのでしょう。それは、トレンド転換の仕組みを理解することで、トレンド継続の仕組みとの違いがよくわかるようになるからです。要するに、中間波動のメカニズムが深くわかるようになるのです。

　トレンドの初動はトレンド転換か、中間波動の終わりだけです。トレンド転換のパターンを見極めることができるようになることで、中間波動につながるトレンド継続のパターンとの違いが理解できるようになります。したがって、トレンド相場の終わりとトレンド相場の初動を狙えるようになります。

① 「V」……スパイク
② 「W」……ダブル
③ 「三尊・逆三尊」……トリプル
④ 「ダイヤモンド」……菱形（天井パターン）
⑤ 「ブロードニング」……拡大トライアングル（天井パターン）
⑥ 「アイランド」……離れ小島
⑦ 「ダイアゴナルトライアングル」……鋭いトライアングル

145

1）トレンド転換パターン①：V

「V」は鋭い天井を付ける、またそれとは逆に鋭く下がって切り返すパターンです。経済の解説でも「V字回復」という言葉をよく耳にしますが、それと同じような形状がチャートにも現れることがあります。

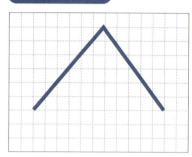

この「V」は、天井圏や底値圏でよく出現します。このときの注意点は、天井圏（底値圏）ならば、勢いよく上昇（下降）したときにトレンドラインを引いておき、それを割り込んできたとき（超えてきたとき）にすぐ危険を察知して手仕舞いすることです。とてもスピードが速いので乗り遅れてしまうと、大きな損失につながる可能性があるからです。

特に、天井圏で大陰線や長い上ヒゲ（底値圏で大陽線や長い下ヒゲ）、窓を空けた反転などが見られたときは注意が必要です（図9）。

◆図9

①天井圏で大陰線

（画像提供）：TradingView

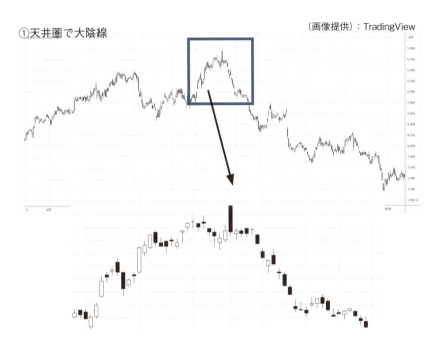

②天井圏で窓空け

（画像提供）：TradingView

2）トレンド転換パターン②：「W」

「W」は、2回、天井や底を付けるパターンです。

　以下の図を見てください。ダブルトップで言うと、先ほどの「V」と違い、上がっていた相場が切り返して再度上昇してきますが、そのときに前回の高値を超えきれない点が特徴です。前回の高値を超えられないと、トレーダーは「今まで上昇を継続していたのにおかしい」という気持ちになります。その結果、買い方も弱気になって下がっていくパターンです。

ダブルトップ（下げ）

ダブルボトム（上げ）

弱気のサイクルが続いている中で、今後もその弱気のサイクルが継続するようなら、直近の安値を割るはずです。

　しかし、下図の「ダブルボトムの流れ」のように直近の安値を割らずに、その安値にサポートされて反転上昇していく場合は「流れに変化が出てきた」と感じとることができます。当然、もみ合い相場になったり、また下がっていくこともありますが、弱気だった流れに変化が出始め、その後、切り返してきたときに安値と安値の間の高値（②のネックライン）を超えるところがポイントです。

　早仕掛けなら②を超えたら仕掛けますが、ここはダマシが多いので要注意です。

　ネックラインを超えてきた場合、一度ある価格水準で利益確定売りが出ます。そのときに、今まで抵抗線だったネックラインが支持線に変わる、つまりサポレジ転換が起きていれば、そこが買いのチャンスです。

　下図はダブルボトムですが、ダブルトップも同様に考えます。この「W」には値幅のパターンがあります。通常なら、サポートラインからネックラインの間の値幅分は動きます。しかし、強い相場であればその値幅の2倍、3倍と動くこともあります。

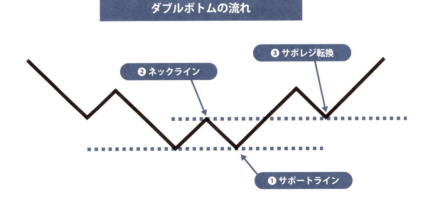

ダブルボトムの流れ

したがって「W」を発見したときは、高値と安値の値幅を計算して、その1〜3倍の値幅を意識してみましょう。その値幅がどこまで価格が上がるかの目安になるとともに、それに対して実際に価格がどう変化するのかを見ることで、今が弱気相場なのか、それとも強気相場なのかを判断する材料にもなります。

> **コラム：ダブルボトムの考察　その1**
>
> 　ダブルボトムについて、さらに詳しく見ていきます。
>
> **ポイント1：下降トレンドの流れに変化**
> 　上昇トレンドは「上昇→下降→上昇→下降→上昇」という中で、上昇の時間が長く、高値も安値も切り上がっていく状態です。反対に下降トレンドは「下降→上昇→下降→上昇→下降」の中で、下降している時間が長く、高値も安値も切り下がっていく状態を言います。
>
>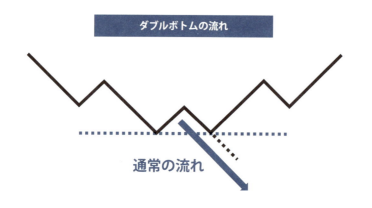

ダブルボトムに気づくポイントとして、まずは下降トレンド中に「下降→上昇→下降→上昇→下降」の最後の下降のときに、前回の安値で跳ね返されて切り返してきたかどうかに注目します。ここが、ひとつ目のヒントになります。

ポイント２：ネックラインを超えてWを形成
　ポイント１で説明した動きを拡大したものが以下の図です。本物の下降トレンドであれば、丸で囲んだ点線のように「下降→上昇」の後、前回の安値を割って下がっていくはずです。しかし、前回の安値にサポートされて切り返しています。この安値同士を結んだ線をサポートライン（支持線）と呼びます。

　この安値と安値の間にある高値の値位置がネックライン（抵抗線）となります。ダブルボトムが完成するためには、このネックラインを超える必要があります。ネックラインを超えることがダブルボトム完成のための大切なポイントになるのです。

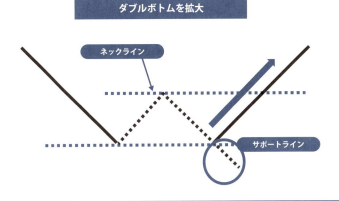

ポイント3：サポレジ転換する

　ネックラインは「ダブルボトム完成のための大切なポイント」であることを説明しました。勘違いされやすいのですが、実は、ポイント2の時点ではまだ「ダブルボトム完成」とは言えません。ダブルボトムが完成するための最後のポイントは「サポレジ転換」です。

　先述した通り、ネックライン（抵抗線）を超えて上昇した価格は、いずれどこかのタイミングで切り返します（下降します）。

　その価格の下降時に、先ほどのネックラインが支持線として働き、レジスタンスとサポートが入れ替わる「サポレジ転換」が起きて、ようやく「ダブルボトム完成」となります。

　ただ、サポレジ転換した後の買い仕掛けではやはり遅いので、早仕掛けをするならば、ネックラインを超えたところや、もっと早く仕掛けるならばポイント1の時点も可能です。

　ここで大切なのは「いかに早く仕掛けるか」ではなく、「自分が今、どういう状況で仕掛けているのか」を把握しておくことです。

　ポイント1の時点で仕掛けるのが良いとか、悪いという話ではなく、「これは早仕掛けであって、もしかしたらまた下がるかもしれない」ということに注意して仕掛けましょうということです。

　それでは、ポイント2での仕掛けはどうでしょうか。ひとまずWの形ができたので、ダブルボトムを形成する可能性が高まっている状態ですが、ネックラインで跳ね返される可能

性も、この段階ではまだ否定できません。元の木阿弥になる可能性もあります。その可能性を把握して仕掛けているならばOKです。

ポイント3で仕掛ける場合は、ダブルボトムが完成しているので、リスクは相当低くなっています。ただし、その分だけ価格も高くなっています。

投資資金量や性格はトレーダーによってさまざまですから、上記を踏まえて、自分ならどのタイミングで仕掛けるかを考えましょう。

もうひとつ、「相場はフラクタル」ですから、分足、時間足、日足、週足、月足と順に見ていくと、今見ている足では見えないことも見えてくることがある、という点も付け加えておきます。

ダブルボトムの考察　その2　〜サイクル〜

サイクルについての話も紹介します。サイクルというのは、安値から次の安値までの動きのことです。安値を付けてから切り返して高値を付けます。その後、反転してまた安値を付けます。その上げ下げの波動のことをサイクルと表現します。

サイクルには、「強気型サイクル」と「弱気型サイクル」があります。

強気型サイクルとは、価格が上がっている時間が下がって

いる時間より長いパターンです。ダブルボトムでは「価格」という縦軸を見ていました。ここで説明するサイクルは、横軸の「時間」に着目します。

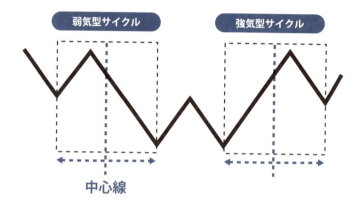

強気型サイクルでは、価格が上昇している時間のほうが長いので、安値と安値の間の時間経過の中で、必然的に時間軸の半分（中心線）よりも後に高値を付けることになります。

サイクルには、基本的にトレンドが継続しやすい傾向があります。つまり、強気型サイクルが出れば、次も強気型サイクルになりやすいということです（ただし、「決めつけてはいけない」という点には注意してください）。

強気型サイクルが出たときには次も強気型サイクルになりやすいならば、直近の高値をしっかりと超えれば勢いが出るとわかります。逆に、この直近の高値を超えきれずに価格が下がってくれば、この強気型サイクルは本物ではないかもしれないと考えられます。

さらに、サイクルの終わりの安値を割ってくれば、この強

気型サイクルは本物ではないとわかります（＝弱気型サイクルに戻っていく可能性が高くなります）。

　一方、弱気型サイクルは「下降→上昇→下降」の後に、直近の安値を割ってさらに下がっていくパターンです。そのときには、下降の時間が上昇の時間よりも相対的に長くなります。ということは安値が切り下がり、高値は中心よりも先に出現します。

　そこで出てくるのが「ダブルボトムの９つのパターン」です。次ページ以降でそれぞれ解説しますが、ここからは少々レベルが上がります。難しいと感じた場合は、「強気型・弱気型のサイクル」を意識してチャートを見てください。

ダブルボトムの９つのパターン

①ダブルボトム

　オーソドックスなダブルボトムです。安値を付けた後に切り返してからまた下がり、前回の安値でサポートされて、再び切り返しています。この場合は、上がっている価格、下がっている価格の値幅（図のAとB）が一緒です。さらに、上がっている時間の長さ（T1）、下がっている時間の長さ（T2）も同じになります。

　実際のチャートでは、このように教科書通りの値動きになることはかなり稀です。

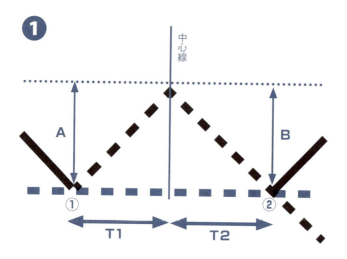

②の安値を付けたときの①と②の間の中間点（半分のところ）が中心線になります（編集部注：①と②は中心線の説明をするためだけのものなので、以降は割愛）

②戻り高値が早いパターン

　時間軸に着目します。通常なら中心で高値を付けるはずですが、それよりも早く高値を付けて、下がっている時間のほうが長いパターンです（上がっている時間は短く、下がっている時間のほうが長い）。この時点でわかるのは、このサイクルは弱気サイクルであるということです。弱気サイクルであれば、普通なら直近の安値を割り込みますが、このパターンでは安値を割らずに価格が反転上昇していきます。弱気サイクルがうまく機能しなかったので、サイクルに変化が出てきたと考えられるダブルボトムのパターンです。

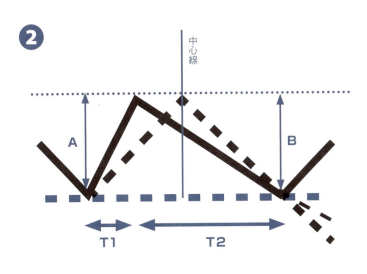

③戻り高値が遅いパターン

　②とは逆で、上がっている時間が長いパターンです。上がっている時間が長いので強気型サイクルに変わる可能性があると思ったところ、思惑通り、ダブルボトムを付けて切り返してきました。このパターンは強気型サイクルに変わる前兆だったと考えられるのです。こういうダブルボトムもあります。

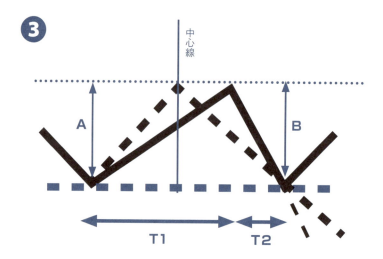

④二番底のパターン

　このパターンでは、2度目の安値が直前の安値に届く前に切り返しています。上がっている時間と下がっている時間は同じですが、上昇の値幅（A）に比べ下降の値幅（B）が小さいのが特徴です。これもダブルボトムのパターンのひとつです。

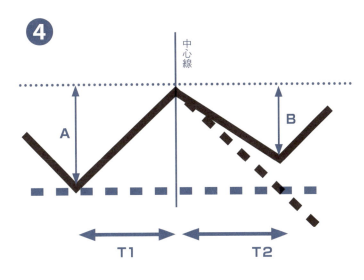

⑤戻り高値が早い二番底

　チャートを眺めていると、よく目にするパターンです。上がっている時間が短くて下がっている時間が長いパターンは先にも見ましたが、この「⑤」は弱気型サイクルになるはずが、安値に届かずトレンド転換しています。

　上がっている時間より長い時間をかけても直近の安値に届かないのは、相場の変化を示唆します。時間をかけても下げ方が甘い場合（下げに勢いがない場合）は、反転する可能性（下げが弱い＝上げに転じる可能性が高いこと）が考えられます。

　週足などでこの形が出たときは、大きなチャンスと言えるでしょう。

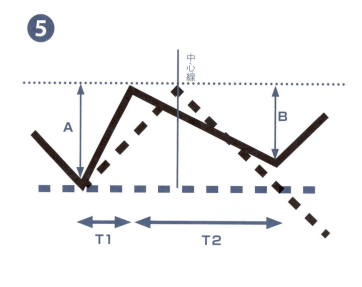

⑥戻り高値が遅い二番底

　上がっている時間が長く、下がっている時間が短いパターンです。

　例えば、今まで下降の弱気サイクルだったとして、ここで、この形が出現したとします。今までは下降トレンドですから弱気サイクルだったものが、強気サイクルに変わっています。トレンド転換の可能性がとても高いと言えるでしょう。

　この時点ですでに強気サイクルになっているのですから、ネックラインを超えれば、変則的なダブルボトムから強気のサイクルに変わる確率が高まります。

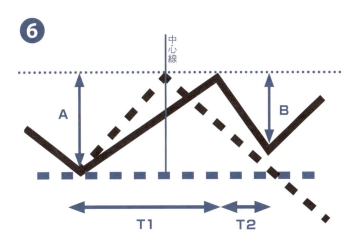

⑦安値更新するダブルボトム

　ここからはやや難しくなります。実際のトレードで「ダマシ」に遭ってしまうパターンです。

　上昇した価格以上に安値を割って下がっています。時間軸は一緒です。さらに下がっていけば弱気型になっていきます。しかし、弱気型になっていく途中で切り返しています。つまり、サポレジ転換ができていないのです。弱気型サイクルなら直近の安値を下抜けたところがレジスタンスとなるはずですが、その直近安値で抑えきれず、その後も上昇しているのです。

　一見、下降トレンドが続いているように見えて、実はダブルボトムになるという、相場ではありがちなパターンです。例えば、直近の安値を割ったところで売りを仕掛けていたとして、そこから横ばいになったときには水平線を引き、その値位置を勢いよく上抜けてきたら、「強気のサイクルに変わった」と頭を切り替えて決済することが大切です。

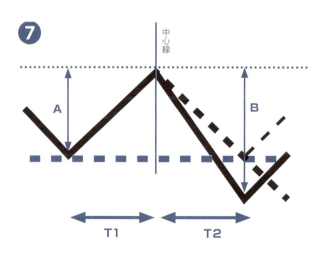

⑧戻り高値が早い安値更新

　上がっている時間が短く、下がっている時間のほうが長いことに加え、直近の安値も割り込んだパターンです。

　弱気型サイクルで安値を割ったら、売りたくなります。しかし、息が続かずに反転してサポレジ転換にも失敗して価格が上昇していくのです。

　これも上手に獲るのは容易ではありません。トレンドラインや水平線などを合わせて読み解くことで間違いに気づいたとき、どれだけ早く決済できるかが重要になってきます。

　このパターンでは、いったん強気のサイクルに転換すると、その後も強気のサイクルを継続しやすい性質があります。

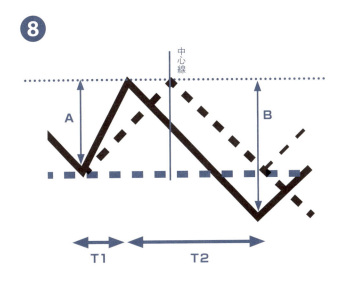

163

⑨戻り高値が遅い安値更新

　上がっている時間が長いということは、時間軸で見れば強気サイクルではないかと考えられます。強気サイクルの場合は安値を割りませんが、この場合は安値を割ります。このため強気サイクルは誤りと考えて、売るとすぐ上昇します。極めてダマシに遭いやすいパターンです。

　ここでも、トレンドラインや水平線などを合わせて読み解くことで間違いに気づいたとき、どれだけ早く決済できるかが重要になってきます。

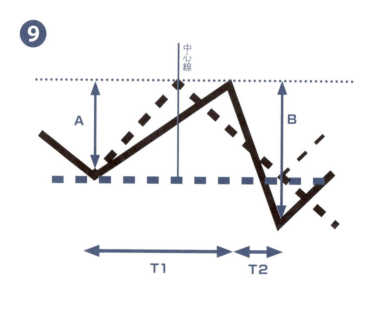

ここまで9つのパターンを紹介しました。①〜⑥は、しっかりチャートを見て理屈を理解していれば、大局で変化の兆しを捉えることができます。⑦〜⑨に関しては、ミストレードしたときに、いかに早く頭を切り替えて、ロスを小さく抑えられるの対処法として役立ちます。

3） トレンド転換パターン③：三尊・逆三尊

　続いては「三尊・逆三尊」です。仏様と両脇に菩薩がいる様子になぞらえた形状です。人間の頭と両肩にも見えるので、英語では「ヘッド&ショルダー」と言われます。相場用語は形からくる場合が多いのです。

　下の図のようにきれいな形になる場合は少ないのですが、3つ山があるという点が特徴です。2020年のコロナショックの前の日経平均の日足にも、3つの山が出現しています。

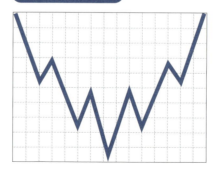

三尊天井の基本的なパターンについて説明します。

まず強気のサイクルで3段上昇した後、天井を付けて価格が下がり、トレンドラインを割ってさらに下がります（ひとつ目の変化）。そして直近の安値でサポートされたとき（①）、ここがネックラインとなります。

切り返してまた山を形成するのですが、上昇する時間が短く、再度下がってネックラインを割ってくると弱気のサイクルに入っていることがわかります（②：2つ目の変化）。このネックラインを割り込んだことで、再度上昇したときもこのネックラインがレジスタンスとして機能します。今までは支持線だったネックラインが抵抗線に変わる、「サポレジ転換」が起こっているわけです（③）。

上級者はひとつ目、2つ目の変化のポイントで強気のサイクルから弱気のサイクルに変わったことを察知するので、三尊が完成したころにはすでに手仕舞っていることでしょう。

この三尊にもターゲットプライスがあります。一番高い価格からネックラインまでの幅を計算し（④）、その分くらいは下がるだろうと考えます（⑤）。もちろん、より強い下げであればそれ以上に下がります。

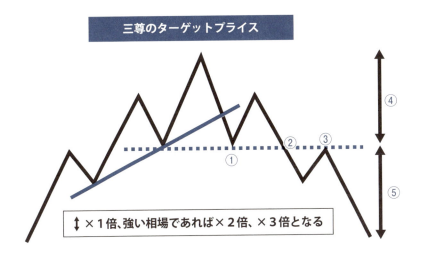

4）トレンド転換パターン④：ダイヤモンド

　その名の通り、ダイヤモンドのような菱形で、天井圏に出てきやすいパターンです。

　ダイヤモンドを見つけるコツは、まず上昇相場が続いていたところから「高値が切り上がるが、安値は切り下がる」状態に気づくことです。これは、買い方と売り方が激しく戦っている状態です。戦いが激しくなり値幅が大きくなった後、買い方も売り方も様子見をして価格変動は小幅になり、そのあと価格が下がり出します。

　仕掛けのポイントは、値幅が小さくなってから直近の安値を割ったところでの売りです。ただし、このパターンはめったに出現しないので上級者向けと言えるでしょう。初心者は仕掛けを狙うよりも、どうしてこのような形が生まれるのかを説明できるくらい理解しておきましょう。

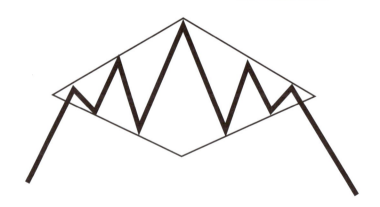

5）トレンド転換パターン⑤：ブロードニング

「ブロード」というのは「広い」という意味の英語です。アメリカには都市や街ごとに「ブロードウェイ（＝広い道）」があります。

「ブロードニング」はその名の通り「拡大トライアングル」のことです。ダイヤモンドと同様に天井圏に出現しやすいパターンです。

広がっていく感じはダイヤモンドに似ています。しかし、ダイヤモンドは変動幅が大きくなった後に切り下げながらも比較的しっかり高値を付けるのに対し、ブロードニングでは価格が大きく動いた後、一気に安値のラインを割り込んで、さらに高値もなし崩し的に下がっていくのが特徴です。

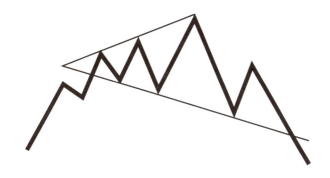

「ブロードニング」…拡大トライアングル（天井圏）

6) トレンド転換パターン⑥：アイランド

「アイランド」は、離れ小島のように窓を空けて天井を付け、下がるときにも窓を空けて下がるパターンです。

天井圏は「アイランドトップ（宵の明星）」、底値圏は「アイランドボトム（明けの明星）」と呼ばれます。「勢いよく上昇していたチャートがポンっと窓を空けて高値を付けた後、再び窓を空けて大きな陰線が出現したときは注意が必要である」ということだけは覚えておきましょう。

ただし、注意点がありますので、アイランドトップの例で解説します。上昇していた相場が、窓を空けてローソク足ができて高値を付けます。この時点ですぐにアイランドトップと決めつけずに、ここではまだ「注意喚起」とします。なぜなら、さらに上昇する可能性も十分考えられるからです。しかし、そこから窓を空けて下げてきた場合はトレンド転換の兆しとなるかもしれないという意識を持ちます。そして、そこからしっかりと下がるかどうかに注意します。

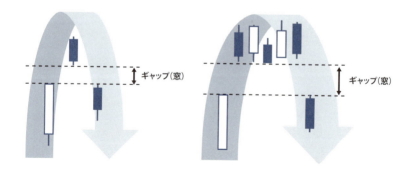

アイランドトップ（下げ）

7) トレンド転換パターン⑦：ダイアゴナル

　ダイアゴナルは、上がっていた相場が上向きに鋭い三角形を形成する、または下がっていた相場が下向きに鋭い三角形を形成するパターンです。

　これはその後に大きな転換になることが多いため、週足や月足などの長期線で大きなダイアゴナルを発見したときは「お宝ゲット！」と思ってください。もちろん相場に絶対はありません。それでも大きなチャンスになる可能性を胸に、チャート分析を楽しんでください。

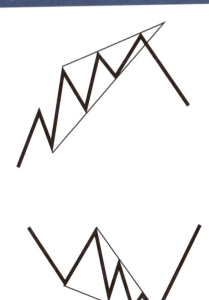

「ダイアゴナル」…鋭いトライアングル

第6節
フラクタルから中間波動を活用する

　日々トレードをする中で、自分がトレードしている足種（あししゅ）だけでなく、違った足種も見てトレードをしていますか？　それとも、トレードしている足種しか見ていませんか。もし、トレードをしている足種しか見ないという方は大局の流れを理解せずに場当たり的にトレードをしている怖れがあります。

　初心者から中級者、上級者へとステップアップするには「相場がフラクタル構造で構成されている」ということを正しく理解する必要があります。そう考えることで、現状のマーケットの大局を理解できるようになります。また、マーケットに起きている小さな変化に気づくことも可能になります。マーケットが急変してから慌てるといった投資行動も減らせることでしょう。

　フラクタル構造を正しく理解すれば、大局を見据えた投資行動を選択できるようになります。銘柄選びにおいても、どういった銘柄を選択すればよいのかがわかるようになってきます。しっかりと学んでいきましょう。

　まずは、「フラクタル（fractal）とは何か」を見ていきましょう。「フラクタル」とは、「自己相似性」という特殊な性質を有する幾何学的構造のことを言います。難しい表現になっていますが、より具体的にいうと「図形の全体をいくつかの部分に分解していったときに全体と

同じ形が再現されていく構造」のことを言います。これでも、難しいと感じている人がいるかもしれませんので、身近な例を挙げてみます。

　ブロッコリー全体の形とその一部を見ても、形状が似ているということです。ちなみに、フランス人の数学者ブノワ・マンデルブロ氏が考案した概念です。フラクタル構造を有する図形が「フラクタル図形」というものです。

　自然は一見すると無秩序なカオス状態のように見えますが、よく観察すると同じ構造が繰り返されている「フラクタル構造」になっているものが多いと言われています。

　相場の世界においても、チャートを見ると、1分足の形と1時間足の形、日足の形を見ても、とても似通っていて、どれがどの足種かがわかりにくい形になっていることがあります。日足で見た形状が1時間足で出てきたり、日足で見た形が月足で出てきたりするのです。これは、フラクタル構造ということです。

　チャートがフラクタル構造だということはわかったとして、それによってどういった分析ができるのかという、少し踏み込んだところを解説していきます。

　まずは、基本的なことから見ていきましょう。例えば、週足のチャートを見たときにきれいな上昇トレンドだったとします。しかも、1段上昇して押し目を付けてから2段目の上昇になっていて、買いにエッジがあるチャートだったとします。そのチャートの日足を見たときに、上昇していたものが下がってきていたとします。そのとき、どういった投資行動をとることが賢明かを考えてみましょう。週足チャートが2段目の上昇で買いのエッジがあるということは、大きな流れは買いの流れになっているということです。大きな流れが買いの流れのときに、日足が下がってきたからといって売り狙いでポジションを持った場合にどういうケースが考えられるでしょうか。

173

ここでは、2つのケースが考えられます。

ひとつは週足という大きな流れが買いの流れになっているので、売りを狙っても大して下がらずに、再び買いの流れになって、売り狙いが失敗するケースです。フラクタル構造という考え方では、このやり方（＝大きな流れに逆らうやり方）は、勝率が非常に低くなってしまいます。なぜなら、大きな流れに乗ったトレードのほうが成功しやすいからです。この例で言えば、週足のチャートを見たときに買いにエッジがあるのならば、日足も押し目を付けてから買いにエッジが出てきたところを、素直に買いで狙うという戦略を採用したほうがよい、ということです。この考え方を身につけるだけで精度がぐっと向上していきます。

もうひとつのケースは、日足で売りを狙ったところからやがて週足にも売りにエッジがある状態になって、トレンド転換していくケースです。こういった大きな変化のところを狙うのがトレードの醍醐味のように感じるかもしれませんが、実はこういったところを狙うのは非常に難しく、それなりの技術が必要となります。慣れていない投資家にとって、この方法を使いこなすことは至難の業となります。

では、このフラクタル構造を使った戦略をおさらいしましょう。現代では、このようなフラクタル構造を活用したトレード手法として「マルチタイムフレーム」があります。どういったものかを確認しましょう。

まず、トレードしているのが日足チャートだとします。その一回り大きな足種は週足チャートになります。その週足チャートでトレンドの有無を確認します。トレンドがない場合は、日足チャートでも大きなトレンドになる可能性が低くなるために、その銘柄は週足でトレンドが出るまではトレードをする銘柄ではなく、ウォッチする銘柄とな

ります。そして、トレンドが出てくればトレードをする銘柄に昇格します

　その後、上昇トレンドが出たとします。この場合は、週足ベースにおいてトレンドの初期なのか、中期なのか、後期なのかを３段上げの何段目かで確認します。後期であれば、天井圏が警戒されますので、より慎重なトレードか、もしくはトレード銘柄から外すといった選択肢も出てきます。そのような流れで銘柄を選定することで、週足チャートにおいてトレンドがある銘柄を選択することができます。今回は買いにエッジがある週足チャートとしましょう。

　次にトレードは日足でするわけですから、日足チャートにおける買いにエッジが出てきたところを狙っていきます。日足でちょうど買いにエッジが出てきたところであれば最高ですが、タイミングが常に合うとは限りません。買いにエッジが出た後、しばらく上がっている銘柄もそれなりにあるでしょう。その場合はどうするかというと、ひと回り小さい足種で確認します。個人的にはひと回りというのは、大きな場合は５倍、小さい倍は５分の１が良いと思っています。なぜなら、10倍、10分の１だと離れすぎているし、３倍、３分の１となると多くの投資家が見る足種がないからです。ですから、今回は４時間足を見ます。具体的には、４時間足で押し目になってきたところから買いを狙う準備をして、日足チャートに戻して日足のチャートで確認して買いを仕掛けます。このように、フラクタル構造を活用することで大局の流れに沿った素直なトレードができるようになるのです。

　では、ここからはフラクタル構造と中間波動を合わせて活用する方法を伝授します。先ほど、銘柄を選択するときに、トレードするチャートのひと回り大きな足種を見てトレンドの有無を確認しました。そのときに、中間波動になっている銘柄はウォッチ銘柄としてトレンドが出るのを待ちましょう、とお伝えしました。このリストをたくさん

作成することで銘柄選びが大きく変わり、宝の山を保持することになるのです。

　足種の大きなチャートで中間波動になっているということは、週足チャートを例にすると、数カ月から半年とか、場合によっては数年も中間波動のままになっているということになります。私は、中間波動とは火山でいうとマグマがどんどんたまっている状態だと思っています。その火山はトレンド相場という形になって噴火するのです。その噴火の初動を狙っていくのです。つまり、中間波動が終わってトレンド相場がスタートする局面を狙うことで大局のトレンド相場の始まりを狙うことができるのです。"誰も注目していない中間波動になっている銘柄"のリストを作成し、それらをウォッチしながら、変化が出てきたものをトレード銘柄に切り替えるのです。そうすることで、あなたの銘柄選びは今までとはガラッと変わるはずです。これこそが、トレンド相場の初動を狙う神髄なのです。

◆図10　フラクタル構造

日足で見ると トレンド相場？

（画像提供）：TradingView

日足レベルだと、トレンドが出ているように見えますが

週足で見ると 中間波動

（画像提供）：TradingView

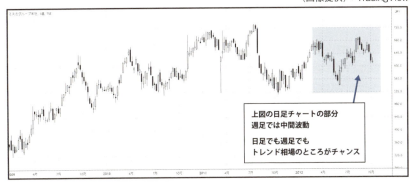

上図の日足チャートの部分
週足では中間波動

日足でも週足でも
トレンド相場のところがチャンス

週足レベルだと、中間波動になっている

177

第7節
まとめ

　これまで、中間波動を中心にチャートを読み解くヒントについて解説してきました。私は、いつも、「チャートの読解力を上げましょう」という話をしています。チャートの読解力とは、チャート上に見えているヒントをひとつでも多く読み解き、上がるか下がるかわからない将来の値動きに対して、チャートが動くままに素直にトレードできるようになることを言います。どれだけ高い価格であっても、チャートに買いのエッジがあればついていく。どんなに素晴らしい材料があってもチャートにエッジがなくなれば決済をするのです。

　これまでの内容を理解すると、チャートの見え方が大きく変わってくるはずです。ただ、チャート分析の学習は「ローマは1日にしてならず」と同じです。少しずつ、学びを積み重ねながら見ていきましょう。

　今までの解説を、ここでは、違う表現でお話ししようと思います。

　チャートは「静」と「動」で構成されている（122ページ）と表現しました。動くトレンド相場と静かな中間波動が混在して、チャートは構成されています。

　ものごとを覚えるときに、図のほうが理解しやすい方、専門用語のほうが理解しやすい方、例えのほうがわかりやすい方に分かれます。それぞれピンとくるもので覚えていただければと思いますが、ここでは最後に、例えで表現させていただくことにして、「団子と串」とい

う言葉を使わせていただきます。

皆さんは、団子と串があれば、どちらがおいしいと思いますか。答えは聞くまでもありませんね。ところが、チャート分析においての団子はおいしくないので食べないほうがよいのです。

では、チャートにおける団子とはどういったところでしょうか。それが、今まで解説してきた「中間波動」のところです。今まで解説したトレンド継続のときに出てくる三角形や四角形のところです。または、相場が調整局面に入った横ばいの動きのところです。ごちゃごちゃした動きが団子のように見えるので、そのように名づけました。

そして、串は、チャート上ではトレンド相場にあたります。一番獲りたいところです。

上昇トレンドを例に話を進めます。中間波動という団子が終わり、新たに上昇トレンドという串が発生します。そのとき、躊躇なく買うことができれば問題ありませんが、それまで団子状態が長かったことで、串が発生したところが高いと感じて様子見をしていると、そのうちに価格がどんどん上昇してしまい、一番おいしいところを、指をくわえて見てしまうことになります。

しばらくすると、今度は、その串の時間が終わり、団子の時間になります。団子とは、続いていた上昇が一服するところを指すわけですから、一番高いところと比べ価格は安くなっています。このとき、「やっと買えるような値段が出てきた」と考えて、団子のところでトレードしてしまうのです。

しかし、そのときには、チャートにおけるおいしいところは終わっているわけですから、値動きは小さくなり、場合によっては深い調整やトレンド転換に出くわすこともあるでしょう。そうなってしまうと、よくある「私が買うと下がる」という結果になってしまうのです。

実際のチャートで確認してみましょう。以下は、日経225の日足チャートになります。これを見ると、2022年2月から2023年3月まで、大きな団子（中間波動）になっているのがわかります。この間の値幅の上下を細かく狙うという選択肢もありますが、実際はなかなか難しいところです。この値動きが約1年間続いたのです。
　さて、そうなると、投資家の頭の中に、無意識に値ごろ感が芽生えます。25000円前後は買い、29000円前後は売りという値ごろ感です（図11）。

◆図11

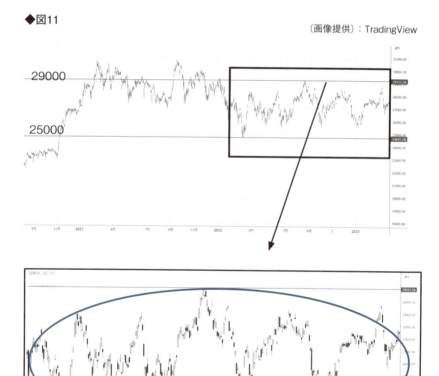

そして、2023年3月に団子状態が終わり、串が発生します。Ⓐのところです（図12）。

　ところが、値ごろ感からすると高い値位置のために買うことを躊躇します。すると、あっという間にトレンドが発生し（図13）、チャートにおける一番おいしい串のところを取り逃がしてしまうのです。

◆図12

（画像提供）：TradingView

◆図13

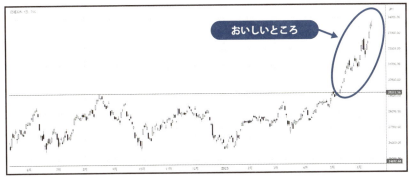

（画像提供）：TradingView

そのおいしい串を取り逃がした投資家は二番煎じを狙います。したがって、以下のチャート（図14）のBやCのところに価格が下がってくると、やっと買える局面が来たと考えて、実際に買っていきます。ところが、買っても大して上がらずにやがて下がることになります。Bのところで買って少し上がっても、最後は下がることにつながるのです。

◆図14

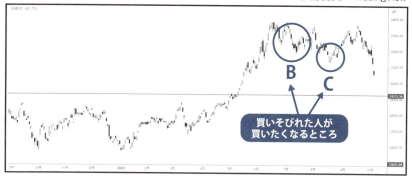

　これは、安定した上昇トレンドに追随できなかった人たちが、「少しでも価格が下がってくれたら買いたいのに……」という心理状態でチャートを見ているからです。
　トレンド相場が終わったということは、トレンド転換か、もしくは中間波動に移行しているわけです。にもかかわらず、その本質をわからずに「やっと買い場が来た！」と思って買うのです。だから、「私が買うと下がる。私が売ると上がる」という「誰かに見られているのでは？」と思ってしまうようなことになってしまうのです。

　最後に、チャートを見るうえでの大事な心得と考え方を話します。

価格が上昇すると多くの投資家は「高くなったから売ろう」と考えます。一方で、価格が下落すると「安くなったから買おう」と考えます。この考え方を変えていきましょう。私が考える正しいチャートの見方は、「価格が上昇して上に動き出したら、買いで追随しよう」「価格が下落して、下に動き出したら売りで追随しよう」というものです。

　私たちは生活する中で、日々の価格よりも安くなったらお得なので買い、日々の価格よりも高くなったら割高なので買わないという行動をしています。これを、私は**「生活脳」**と呼んでいます。この「生活脳」では投資は勝てません。昨日よりも高くなったら上に動き出した、昨日よりも安くなったら下に動き出したというように、どちらに相場が動いているか（ここが串でありトレンドのところ）、または、相場が動いていないか（ここが団子であり中間波動のところ）といった考え方が必要になります。私は、この考え方を**「投資脳」**と呼んでいます。皆さんも、「生活脳」を捨てて、「投資脳」を身につけていきましょう。

◆図15

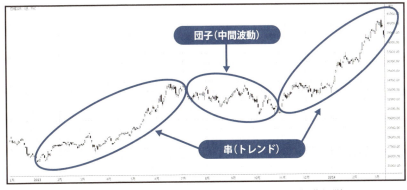

（画像提供）：TradingView

もう一度申し上げます。「投資脳」とは価格が上がってくれば、上に動き出したと考えます。価格が下がってくれば、下に動き出したと考えます。そこに「高い」「安い」という考え方はありません。

　中間波動を究めて、トレンド相場（動であり、串のところ）をしっかりと狙える投資家を目指していきましょう。

第8章

出来高

第1節
出来高の意味するもの

1）出来高とは

　チャートで価格とともに出来高が見られる銘柄があるときは、その出来高情報を必ず確認しましょう。

　チャート表示画面のローソク足の下に描かれている棒グラフが出来高です。出来高とは、株取引では、その期間内に売買が成立した株数を指します。

　株式だけでなく、為替取引（FX）やコモディティなど、さまざまな投資商品でも用いられる重要な指標で、株式に限っては売買高とも言われます。日足であれば1本が1日の売買量を表しています。

　ところで、出来高情報を活用することで何がわかるのでしょうか。

2）出来高からわかること

　出来高からは、主に以下の2つのことがわかります。

① その銘柄の人気

　出来高はマーケットの人気度を計るバロメーターです。出来高が少ない銘柄の場合、取引量が少ない（＝流動性が低い）ので、価格が急に動くことがあります。

186

逆に、人気がある銘柄の場合、常に安定した量の出来高があるため、急激に動く頻度は高くありません。

② **出来高が突出して増加した値位置はトレンドの転換点になることが多い**

　出来高は数値そのものよりも変化に注目することのほうが大切です。

　ある瞬間に出来高が急増したとしましょう。急増の背景には、例えば新商品の発表など、多くの投資家が飛びつきたくなる何かが起こったと考えられます。ニュースを見ていなくても、出来高を見ているだけで「何かが起こった」ことに気づけるわけです。単純に言えば、今まで少なかった出来高が増えていく状態はトレンドの始まり、逆に出来高が減っていく状態はトレンドの終わりになると考えられます。

◆図1

（画像提供）：TradingView

3）上昇相場での出来高の意味

　上昇相場と下降相場では、出来高の推移に違いが少しあります。そこに注目します。まずは上昇相場の「初期」「中期」「末期」がどのようにして起きるのかを詳しく見ていきましょう（図2）。

①上昇初期

　上昇相場では、最初に出来高の増加が見て取れます。出来高の増加は買い材料の出現を意味しますので、ほとんどの投資家が出来高の増加を見て買いに入るわけです。

②上昇中期

　上昇している相場では、次第に出来高が安定してきますが、その中でもう一度、出来高が増える瞬間があります。その瞬間とは、押し目を経てまた上昇するとき、または踊り場から再上昇するときです（※）。

　この上昇相場の中で一時的に下がったり、横ばいになったりした後に再上昇するには、それなりにエネルギーが必要ですから、出来高もまた多くなります。

③上昇末期

　上昇相場の末期には、出来高が減少してひとつの相場が終わる形になります。これが典型的なパターンです。だんだんと買い手が少なくなってきたということですから、この出来高の減少が天井打ちの予兆となります。

※上昇した相場が、いったん下がってまた上がるとき、そのいったん下がったところを「押し目」と言います。「踊り場」というのは、上昇した相場が一時もみ合い状態になり、再度、上昇していくまでのもみ合い状態を指します。

もうひとつ天井打ちの予兆として、出来高が急激に増加するパターンがあります。下げで利益を獲ろうとする売り方は、価格が上がってしまうと含み損が膨らみますから、上昇相場で想定を超えた高値になったときには、どうしようもなくなって、仕方なくまとまった決済注文（買い注文＝ロスカット）を出すことになります。このときの売り方の決済を「踏み」と言います。この売り方の「踏み」が重なって、上昇相場の最後に出来高が急増して天井打ちが起こるのです。

　また、もうひとつ出来高が増える要素として、天井付近で買い方が過熱している状態も考えられます。この過熱している状態だと、買い方としては早く今の利益を獲りたい、早く利益確定したいという気持ちになるので、やはり天井打ちになって出来高が増え、そこから下げ出すことにつながるのです。

◆図2　上昇相場時の出来高

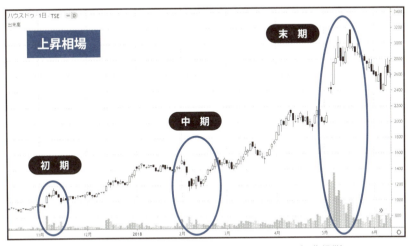

（画像提供）：TradingView

189

4）下降相場での出来高の意味

　次は下降相場の話です。下降相場での考え方も、基本は上昇相場と同じですが、微妙な違いがあります。その違いの部分に注目してください。

①下降初期

　下降相場の初期には2つのパターンがあります。

　ひとつは、売り材料の出現によって出来高が増加するパターンです。

　もうひとつは、上昇相場が終わった後に出来高が減少することによって下降相場に転換するパターンです。「下げで獲ってやろう」という売り方がどんどん出現するのではなく、今まで買っていた人が「もうだめだ」と買いをやめることによって価格が下がり、上昇相場から下降相場に転換するわけです。相場の世界では上昇相場のことを「積み上げ」と言って、最後にその積み上げが終わることを「壊れ」と言います。その壊れる状態が下降相場につながるのです。

②下降中期

　下降相場の中期では、下げ止まったムードが出た瞬間に新規で買いたいという注文が出てきます。安いから買いたいという買い方と、まだまだ下がりそうだという売り方との間で、相当激しい戦いが行われるため、出来高が増えることになります。

　ただし、下降相場では上昇相場ほど出来高が増えないことが一般的です。その戦いが行われた後に再度売り方が勝って相場が下がっていく場合には、長期の下落となりやすい傾向が見られます。

③下降末期

　下降相場末期で出来高が増加する場合は、買い方の「投げ」を表し、

底打ちのサインとなります。これは、買い方が損を覚悟で決済（ロスカット）する形を指します。

　上昇相場と下降相場の違いについては、「積み上げ」で相場が展開する上昇相場と、「壊れ」によって相場が展開する下降相場の違いであるということを意識すれば理解しやすいでしょう。

◆図３　下降相場時の出来高

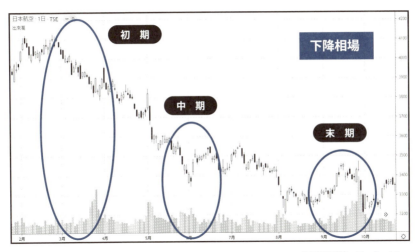

（画像提供）：TradingView

第2節
予兆は出来高に現れる

1）もみ合い終了には予兆がある

　ここまで上昇相場と下降相場の中の出来高について話しましたが、続いて、もみ合い相場中の出来高について解説します。

　もみ合い相場とは、基本的に売り方と買い方の力が拮抗している状態を指します。このため、一般的には出来高が過大にならない傾向があります。

　もみ合いの時間が長くなるほど、売り方も買い方も、「今しばらくは様子を見よう」という気になります。ですから、もみ合い相場が続けば続くほど、出来高はより減少していくことになります。少ない出来高が続いていくというよりも、出来高がどんどん減っていく状態になるのです。出来高が減る状態が続いているうちは、もみ合い相場はまだまだ継続すると判断できます。

　ここで大切なのは、出来高を見続けることで、もみ合い放れの予兆に気づくことができる点です。

　もみ合い中に出来高がどんどん増加し出す瞬間があります。"出来高が増えること"は、買う勢力（もしくは売る勢力）が現れたことを示します。要するに、もみ合い中の出来高の増加は、もみ合いの終了を暗示することになります。トレンドがそろそろ出てくる予兆となるのです。

2）トレンド発生の予兆を見逃すな

　株式の取引をしているときは、必ず出来高を表示しましょう。出来高が多くなった値位置はトレンド変化の節目になりやすいからです。
　ある日突然、急激に出来高が増えることがあります。これは何か大きなニュースが出たということですから、その後は、そのニュースを中心に相場は動き出します。トレンド発生の予兆と考えられるわけです。
　なお、出来高の増加は、１本の陽線または陰線だけよりも２本、３本と続けば続くほどトレンドがはっきりすることは言うまでもありません。

◆図４

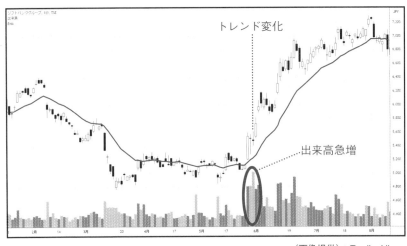

（画像提供）：TradingView

第3節
出来高でダマシのサインを見抜く

　続いて、テクニカル指標と出来高の関係についてお話しします。

　テクニカル指標には、買いシグナルと売りシグナルがあります。こういうシグナルが出たときには、必ず出来高も見るように習慣づけましょう。

　通常、ニュースなどの材料によってトレンドが発生する場合は、多くのトレーダーがそれを見て動くわけですから出来高も当然増えます。

　ところが、シグナルが出たのに出来高がまったく増えていないとしたら、それはたまたまどこかのトレーダーが大きく買ったために価格が少し上昇したことでチャート上に買いサインが出たことになります。つまり、それは「本物のサインではない」のです。特に買いサインの場合、出来高が増加していなければ、そのシグナルはほぼダマシになります。

　ここで気をつけたいのは、「出来高は売買サインではない」ということです。テクニカル指標のひとつではありません。出来高はあくまでも参考指標として活用するにとどめます。他の指標をもとに売買し、併せて出来高もチェックすると、その指標の信頼性がより高まります。

　出来高と比較してよく耳にするのが取組（取組高）です。建玉また

は建玉残高という言い方もします。

　取組は現在、未決済で残っている取引の量であり、株数を指します。先物取引では、未決済で残っている数量を確認して売買の参考にします。株取引における取組は信用取引の買い残、売り残を表します。参考程度に覚えておきましょう。

　出来高情報を活用するうえで重要なのは、「その出来高が新規の取引なのか、手仕舞いの取引なのか」を見分けることです。テクニカル指標と組み合わせることで明確なチャート分析ができるようになります。もちろん、正しい答えがわかるわけではありませんが、チャートを理解するうえでとても重要なポイントになります。

第4節
価格帯別出来高について

1）価格帯別出来高という考え方

　ここからは、ひと味違った「価格帯別出来高」について説明します。

　価格帯別出来高を表示できるチャートは少ないかもしれませんが、表示できる場合は、ぜひ有効活用したいものです。出来高分析の中で一番有効性の高いものが価格帯別出来高だからです。

　価格帯別出来高は「その価格でどれだけの出来高があったか」を示すインジケーターです。通常のインジケーターは『時間』単位ですが、価格帯別出来高はチャートの縦軸（価格）に対して表示されて、『価格』ごとの取引量を知ることができます。チャート上では右側もしくは左側に表示されます。

　価格帯別出来高では、出来高の最も多い価格に注目します。なぜなら、そこが支持線または抵抗線になりやすいためです。

　なぜ支持線・抵抗線になりやすいのでしょうか？

　例えば、1000円で多くの売買量があった場合、そこで売買した投資家にとって1000円が損益分岐点になります。なぜなら、「それまで利益が出ていたのにその価格を割ると損失に変わってしまう」、

196

あるいは「損失だったトレードをやっとこの価格で建値決済できる」などの投資家心理が働く価格になるからです。投資家にとって意識されやすい、指値がたくさん集まっている価格帯とも考えられるわけです。

　そればかりではなく、出来高の多い価格を突破すると、そこにエッジが生まれ、トレンドが発生しやすくなってくるという点も、もちろん見逃せません。

　もうひとつ、上級編の使い方になりますが、出来高が多い価格からある程度動いた値位置には、買い方・売り方のロスカットが設定されていますので、その値位置を超えると、さらに動きに拍車がかかるということも覚えておくとよいでしょう。

　例えば、出来高の多い 1000 円の値位置で買ったトレーダーがいるとします。出来高が多いということは、ここで買ったトレーダーも多いと言えます。

　ここで、価格が思惑通りに上がらず、800 円まで下がってしまった場合、買い方は「もうだめだ」とあきらめ、買っていたものを売ってロスカットに走ります。そうなると、価格は勢いを増してさらに下がるのです。ロスカットするトレーダーの数が多ければ多いほど、その勢いも増します。

　このように、価格帯別出来高を参考にする場合は、出来高が多い価格だけでなく、その値位置から一定以上離れた価格に対しても注意が必要になります。

2）価格帯別出来高の性質

　価格帯別出来高いついて、さらに掘り下げて、詳しく解説していきます。
　先述の出来高の最も多い価格のことを「POC（Point Of Control、ポイント・オブ・コントロール）」と呼びます（図5）。
　POCは、最も強い抵抗線や支持線になりやすい価格です（図6）。

◆図5　POC

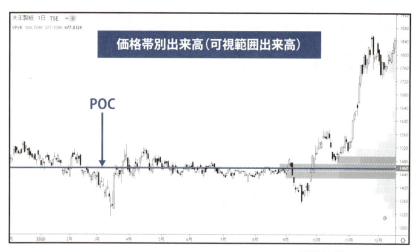

（画像提供）：TradingView

◆図6　POCは、(強い) 抵抗線や支持線になりやすい

(画像提供)：TradingView

(画像提供)：TradingView

次にVA（Value Area、バリューエリア）について説明します。これはチャート表示の中の「価格帯別出来高の70％がどの位置にあるのか」を示すものです。
　このVAが広い価格帯は、価格変動が大きく、逆に狭いところは価格変動が小さいのです。
　どういうことかと言うと、"70％のエリア"が広いということは、価格が広い範囲で上下しているため、（チャート上で）価格変動の幅が大きく広がって見えます。逆に、エリアが狭いと価格変動の幅は小さくなります。

◆図7　VA

（画像提供）：TradingView

もうひとつ、HVN（High Volume Node：ハイ・ボリューム・ノード）についても紹介します。これは、ある価格帯の中で一番出来高が多い価格を指します。逆にLVN（Low Volume Node：ロー・ボリューム・ノード）は、ある価格帯の中で一番出来高が少ない価格を指します。
　それぞれの特徴を紹介します。HVNは、出来高の多さにもよりますが、抵抗もしくは支持として意識されやすくなります。
　これに対してLVNは抵抗または支持としてあまり意識されないため、価格上昇時には勢いよく、またそれ以下に下がっていく場合は暴落につながる可能性を秘めています。抵抗線や支持線として機能しにくいため、例えば、下降から切り返して上昇していくときにも早い値動きが想定されます。

◆図8　HVNとLVN

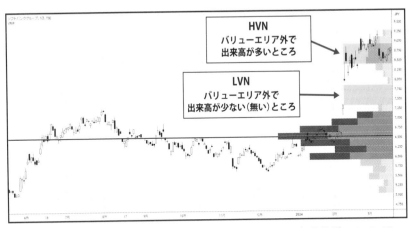

（画像提供）：TradingView

3）価格帯別出来高と価格の関係

価格帯別出来高と価格の関係性について説明します。

出来高が多い価格帯より価格が上のときは、出来高が多い価格帯がサポート（支持線）となります。

逆に、出来高の多い価格帯より価格が下にある場合、出来高が多い価格帯がレジスタンス（抵抗線）となります。

この出来高が多い、サポートやレジスタンスとして働いていた価格帯を突破すると、価格はそちらの方向に一気に動き出す傾向にあります。

出来高が少ない価格帯で価格が推移するときは一気に価格が上昇、下降することがあるので注意が必要です。

◆図9　POCがサポートとなる例

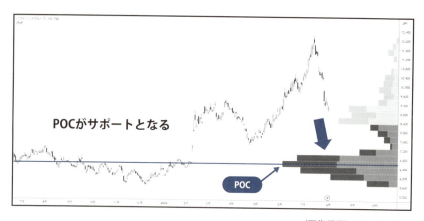

（画像提供）：TradingView

4）価格帯別出来高のもうひとつの見方

POCには、必ずではありませんが、価格が回帰しやすい性質があります。理由は、最も出来高の多い価格は、（その銘柄に関して）投資家が意識する適正価格となりやすいからです。

また、価格がPOCを超えていれば割高と感じられて売られやすく、POCを割り込めば割安と感じられて買われやすくなります。

◆図10

（画像提供）：TradingView

5）3つの価格帯別出来高を使いこなす

価格帯別出来高を表示できる TradingView（トレーディングビュー）では、以下の3つの価格帯別出来高が活用できます。

◎可視範囲出来高（Visible Range）
◎固定期間出来高（Fixed Range）
◎セッション出来高（Session Volume）

可視範囲出来高は、自分が表示している範囲内での価格帯別出来高を自動で表示するものです。一般的なタイプで、チャートの左右の端に表示されます（図11）。

固定期間出来高は、自分で指定した期間の中での価格帯別出来高を自動で表示します。指定した期間の左端に出来高が表示されます（図12）。

セッション出来高は、1日ごとの価格帯別出来高を自動で表示するものです。1日の中での価格帯別出来高を確認できますから、その日の中心となる価格帯がわかります（206ページの図13）。

この3つの価格帯別出来高は、状況に合わせて使い分けます。

価格では、高値や安値は重要になりますが、すべての高値と安値が重要なわけではありません。このとき、どの高値が重要で、どの安値が重要なのかは、ピンポイントで価格帯別出来高を合わせることでわかります。4本値よりも POC のほうが重要かもしれません。

◆図11　可視範囲出来高

（画像提供）：TradingView

◆図12　固定期間出来高

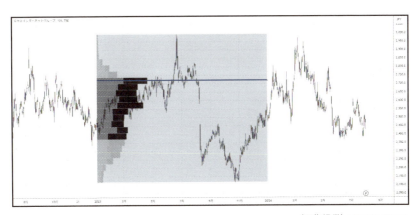

（画像提供）：TradingView

205

◆図13　セッション出来高

（画像提供）：TradingView

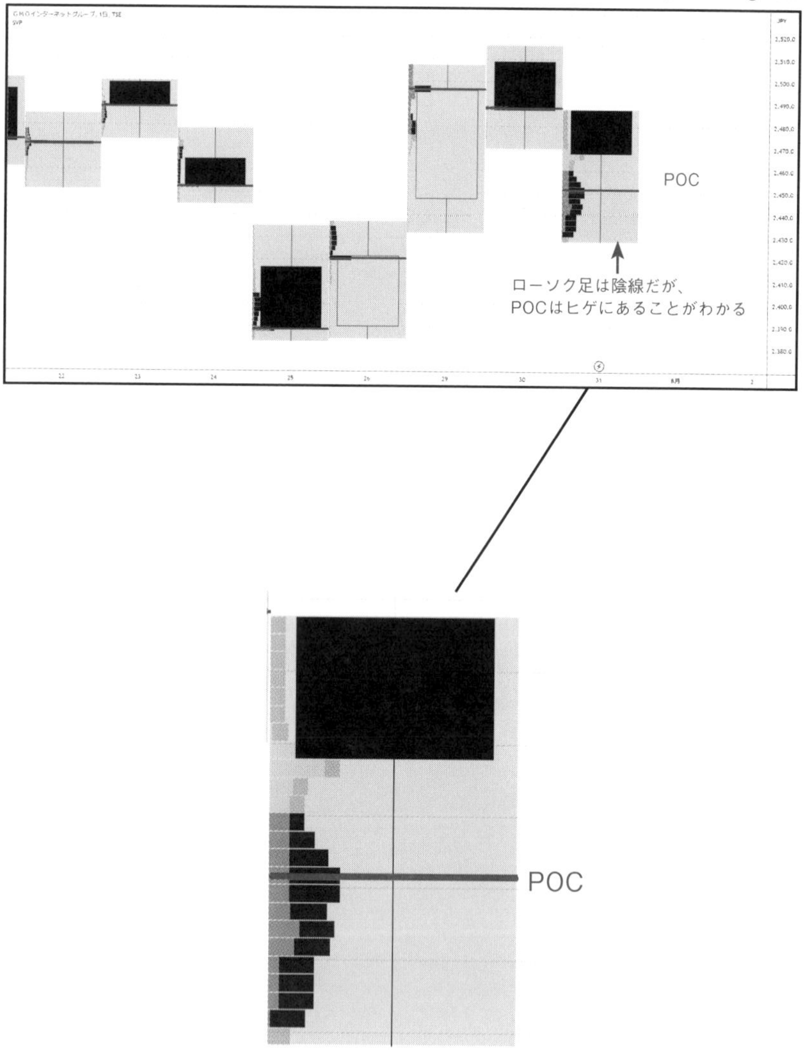

POC

ローソク足は陰線だが、
POCはヒゲにあることがわかる

POC

最後に小次郎講師流、価格帯別出来高のおすすめ活用方法をご紹介しましょう。

① 過去１年間
② 過去半年間
③ 過去３カ月間

それぞれのPOCを出し、チャート上に水平線を描くという方法です（図14）。
水平線とPOCを用いることで、チャートだけでは読み取りにくい動き（どういった相場展開、価格変動があったのか）をわかりやすく理解できるようになります。

◆図14

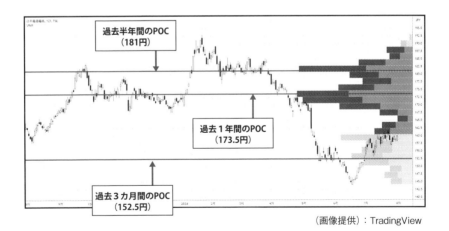

（画像提供）：TradingView

第9章

DMI & ADX

第1節
相場の強弱とトレンドがわかる、DMI & ADX

DMI と ADX という言葉をご存じですか。日本ではあまり使われていないテクニカル指標なので、ご存じなくても仕方がないでしょう。

しかし、海外では、初めて学ぶチャート分析が ADX というトレーダーは少なくありません。それだけ使い物になることの証明なので、ぜひしっかりと身につけてください。

本章では "DMI & ADX" として紹介しますが、ADX は、実は DMI というテクニカル指標の中のひとつの線なのです。例えば、ストキャスティクスの中に％K（パーセント・ケイ）や％D（パーセント・ディー）という線があることと同じです（212 ページの図1参照）。

しかし、最近では DMI とは別に、ADX だけが独立したテクニカル指標として使われるほど注目を浴びています。その理由は、ありとあらゆるテクニカル指標の中でもまれに見る**「現在、トレンドがあるのかないのか」**を示すものだからです。

チャート分析では「トレンドがあるときはトレンド系の指標が良い」「トレンドがないときはオシレーター系の指標が良い」と言われます。しかし、その"トレンドのあるなし"の判定がどれもあいまいです。今は価格が上昇していても、本当にトレンドの渦中かどうかはわかりません。ADX はそれを示してくれる意味で優れた指標なのです。

210

1) オシレーター系でありながらトレンドの確認に有効

DMI（Directional Movement Index = 方向性指数）は、1970年代半ばに米国のJ・W・ワイルダーが開発、1978年から80年の間に著書『ワイルダーのテクニカル分析』で発表しました（『ワイルダーのテクニカル分析入門』　パンローリング社）。彼は、ほかにも『RSI』や『パラボリック』『ピボット』など、多数の有名なテクニカル手法を開発した"チャート分析の第一人者"と評されています。

ワイルダー自身は「DMIとADXの概念を、数値での表現に成功したことが、私の人生の最大の成果だ」と言っています。**オシレーター系でありながら、トレンドフォローのシステムとしても用いられることに加え、トレンドの有無を見つけ出せる**という点が、DMIとADXを学ぶ理由になります。

2) 3本の基本線と補助線

DMIがどのように表示されるかを説明します。次ページの図1のようにローソク足の下に4本、もしくは3本の線があります。必ずあるのが「**＋DI（Positive Direction Indicator）**」と「**－DI（Negative Direction Indicator）**」「**ADX（Average Directional Index）**」の3本です。

もうひとつ、**ADXR（Average Directional Movement Index Rating）**という線が描画されていることもあります。これはADXを移動平均化し、緩やかに表示させることが目的です。使われることも、使われないこともあります。簡単に説明すると、以下の通りになります。

①＋DI

「今、買いのエネルギーがどれほどあるのか」を0から100までの

211

◆図1

NYダウ 日足 2020/1/31〜2021/7/16

(画像提供):TradingView

拡大

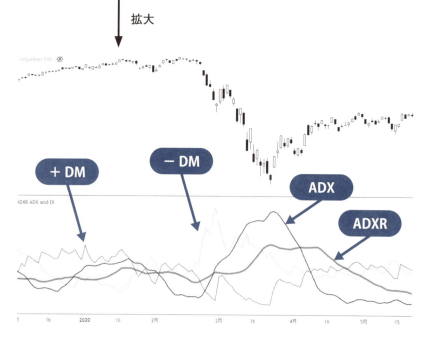

212

数値で示すもの。

②－ DI

　「今、売りのエネルギーがどれほどあるのか」を、同じく 0 から 100 で示すもの。

③ ADX

　「今、トレンドがあるのかないのか」を示すもの。トレンドが発生すると数値が高くなり、トレンドがなくなると数値が下がります。

　前ページ下段の拡大図を見るとわかるように、上昇相場のときには＋ DI が上に来て、－ DI が下に来ています。

　逆に、下降相場のときには－ DI が上に来て、＋ DI が下に来ていることがわかります。

　このような状況の中で、ADX は上昇相場であろうが下降相場であろうが、トレンドが発生していればどんどん上がっていき、トレンドがなくなると下がっていきます。価格の騰落には関係がないということを念頭に置いてください。

213

第2節
DMI と ADX の見方

1）「買い時代」と「売り時代」の到来を±DI で探る

指標の見方をざっと説明しましょう。

図2を見てください。①の地点で＋DIが－DIを上抜いています（ゴールデンクロス）。先述の通り、＋DIの上昇は買いエネルギーの増加を表しますから、それまでの－DIが表す売りエネルギーと交代し、"買いの時代"になったことを示します。このときが買いサインです。

反対に、②のように＋DIと－DIがデッドクロスをしたときは"売りの時代"になったことを示します。売りサインです。

ただし、ゴールデンクロスとデッドクロスを頻繁に繰り返すようなときは、もみ合い相場となりますから、注意が必要です。

①の後、＋DIと－DIは間隔を大きく開け始め、やがてピークをつけます。このとき、買いエネルギーと売りエネルギーの差はとても大きく、圧倒的に買いエネルギーが強いことがわかります。

その後は＋DIと－DIの間隔が狭くなっています。これは買いエネルギーが弱まり、反対に売りエネルギーが強まって、上昇トレンドが終わりに近づいている可能性を示唆しているのです。

214

◆図２

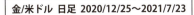

金/米ドル 日足 2020/12/25〜2021/7/23

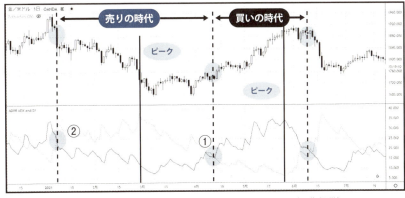

（画像提供）：TradingView

②の拡大図　　　　　　　　　　　　①の拡大図

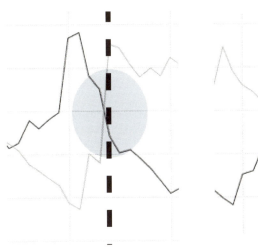
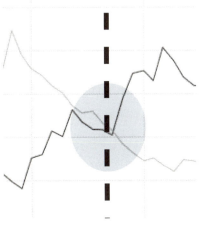

215

2）トレンドの発生（勢いの有無）を ADX で探る

次に、ADX と ADXR の簡単な見方を説明します。

冒頭で説明した通り、ADX はトレンドの有無を示すかなり珍しい指標で、ADXR はその平均値を表します。ADX より ADXR のほうが長期的であり、反応が遅くなります。どちらもそのときの相場に勢いがあるかどうかを示し、トレンドが発生するときには、上昇トレンドであろうが下降トレンドであろうが関係なく、どんどん上昇していきます。

注意すべきポイントは、ADX も ADXR も相場の勢いが弱まったら下降に転じる点です。ただし、勢いが減衰してもまだトレンドが続くときがあります。したがって、そこでトレンドが終了したと判断するのではなく、早めの手仕舞いを検討する材料として見ます。

また仕掛けのポイントとして、**早く仕掛けるときは ADX で、じっくり分析して遅めに仕掛けるときには ADXR** に着目します。

次ページの図3の丸印は上昇トレンドの終わりを見極め、売りを仕掛けるタイミングを計る例です。上昇トレンドのピークをつけるタイミングは、ADX よりも ADXR のほうが遅いとわかります。ここからは「より最適な売りポイントは、ADXR のピーク時であること」がわかります。このような使い分けをしてみてください。

◆図３

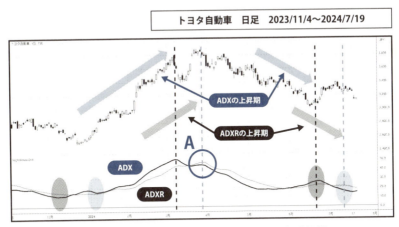

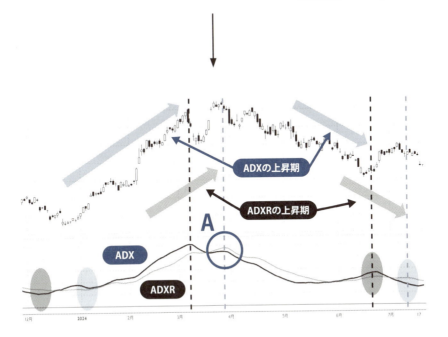

217

第3節
DMI & ADX の計算式

　ここから少し話が難しくなってきます。計算式を理解しなければ本当の意味でテクニカル指標を理解したとは言えません。

1）DM を求める

　DMI を求めるにあたって、まずは、± DM を求めます。

> ＋ DM ＝本日の高値－前日の高値
> － DM ＝前日の安値－本日の安値

　以上の式が基本ですが、条件があります。

【条件①】
＋ DM が 0 以下の場合、＋ DM ＝ 0
－ DM が 0 以下の場合、－ DM ＝ 0

※± DM に 0 未満の数値はない

【条件②】
＋ DM ＞－ DM の場合、－ DM ＝ 0
－ DM ＞＋ DM の場合、＋ DM ＝ 0

※ 1 日の中で、大きいほうの数値を採用する

218

少々複雑ですが、＋DIと－DIを求めるには、＋DMと－DMの数値を知る必要があります。
　±DIと同じく、＋DMは買いエネルギー、－DMは売りエネルギーと考えて構いません。ワイルダーは、その買いエネルギーと売りエネルギーをどのように表したらよいのかを考え、結論を出しました。それは図4の通りです。

◆図4　＋DM・－DM　上昇と下降のケース

①（＋DM・－DM：上昇のケース）

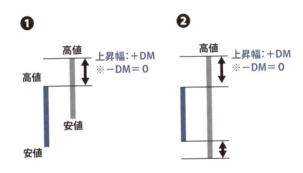

②（＋DM・－DM：下降のケース）

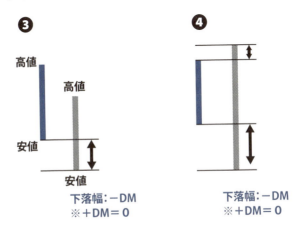

図4の②では、前日の高値を本日の高値が更新し、前日の安値より下に本日の安値があります。ただし、高値を更新した幅が安値を更新した幅より大きくなっています。このケースでは、前日の高値から本日の高値の差を買いエネルギーとしたのです。また、高値を更新できなければ買いエネルギーは0になります。

　売りエネルギーの場合には逆で、前日の安値を本日の安値が更新すれば売りエネルギーが上昇、更新しなければ売りエネルギーが0になります。以上が条件①に当てはまります。

　では、図5の①②③のケースはどうでしょう。本日の高値と安値はいずれも前日を更新していません。この場合は、買いエネルギーも売りエネルギーも0になります。

◆図5　もみあいのケース

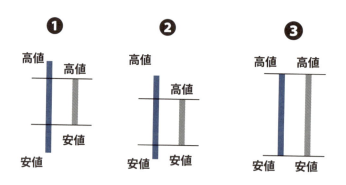

いずれも＋DM・－DMも0

　また、218ページの【条件②】に当てはめてみたとき、売りエネルギーより買いエネルギーが大きければ、売りエネルギーは0となり、

買いエネルギーの数値しか採用しません（219ページの図4の❶❷）。

　反対に、買いエネルギーより売りエネルギーが大きければ、買いエネルギーは0で、売りエネルギーの数値しか採用しないことになります（219ページの図4の❸❹）。

2）TR で価格変動リスクを数値化し、±DI を求める

　次に TR（True Range：真の値幅）という数値を計算します。TR は1日の最大の値動きのことです。すなわち1日の取引における価格変動リスクを数値化したものです。この計算式は、いたって単純です。

TR＝「A」「B」「C」の中で最も大きな値
A：高値ー安値、B：高値ー前日終値、C：前日終値ー安値

　以上の数値を求めたうえで＋DI とー DI を計算します。計算式は次の通りです。

＋DI＝（n日間の＋DM の合計）÷（n日間の TR の合計）×100
ー DI＝（n日間のー DM の合計）÷（n日間の TR の合計）×100
※通常、N には「14」を採用。N は本来パラメーターであるが、ワイルダーは「14」という数字をハーフサイクルとして重要視している。さまざまなワイルダーのテクニカル指標で「14」を使用

　「なぜ、TR が必要か」を説明します。

　例えば、買いエネルギーが50円、売りエネルギーが30円の日があり、このときの TR が100円だったとします。また別の日に、買いエネルギーが50円、売りエネルギーが30円と変わらないのに、この日の TR は1000円だったとします。

221

この2日間を比べて、50円の買いエネルギーと30円の売りエネルギーの割合はどう変わるでしょうか。

　1000円の中で50円と30円が動くより、100円の中で50円と30円が動くほうが、エネルギーの比率は大きいはずです。つまり、同じエネルギーでも、その日の値動きによってその強さの比率が別の日とは変わってくるのです。

　買いエネルギー、売りエネルギー、値動きがまったく同じ日が続くことは滅多にありません。したがって、「その日ごとに、最大値動きに対しての買いと売りのエネルギーの強さを計算しなければ、正しい数値を知ることができない」ということになるのです。

　DMIの計算式の本質は、実は簡単に説明できます。それは、<u>本日の高値が昨日の高値を更新した値差を上昇力</u>とし、反対に<u>本日の安値が昨日の安値を更新した値差を下降力</u>とする、ということです。別の言葉で言えば、**一定期間の値動き全体を見て、上昇力が何%を占め、下降力が何%を占めるか、**という話になります。DMIはそれを数値で示しているのです。

3）ADX を求める

　最後に、ADXの求め方についてです。ADXの算出にあたっては、まずDX（方向性指数）を計算します。

$$DX = \frac{|(+DI) - (-DI)|}{DI + (-DI)} \times 100 \quad ※分子は絶対値$$

ADX＝DXのN日平均（通常、Nには「14」を使う）

±DI がわかれば、DX を求めることができます。例題を交えて解説します。

【例題1】

ある日の＋DI が 50、－DI が 30 でした。この日の DX の値を求めましょう。

答え：25
DX の計算式は（50 − 30）÷（50 + 30）×100。
「20 ÷ 80」× 100 = 25 が答えです。

【例題2】

＋DI が 20、－DI が 80 だとしたらどうなるでしょう？

答え：60
DX の計算式は（20 − 80）÷（20 + 80）×100。
分子（20 − 80）の絶対値は 60。60 ÷ 100×100 = 60 が答えです。

以上の2つの例題から、＋DI と－DI の差が大きければ DX の数値も大きくなり（例題2）、差が小さければ DX の数値も小さくなる（例題1）ことがわかります。

ところで、＋DI と－DI の差が大きいとはどういうことでしょうか。それは、どちらかの数値が大きく、他方の数値が小さいということです。

＋DI のほうが大きければ買いエネルギーが優勢であり、売りエネルギーは劣勢を意味します。つまり買いにエッジがあるということです。

また＋DI と－DI の差が小さければ、買いにも売りにもエッジがない、すなわち、もみ合い相場だとわかります。

DX を 14 日平均で数値化したものが ADX です。ADXR はそれを

223

さらに移動平均で数値化したものですが、その詳細はここでは省きます。ADX を緩やかに表示したものとだけ覚えてください。

　ここで、ADX の数値をもう少しイメージしやすくするための話をします。

　DMI を求めるうえで「N 日間の TR」の話が出ました。TR とは、「N 日間にどれだけ価格が動いたか」を表したものです。それを 1 本の棒グラフにし、ADX の計算式の要素を視覚化したものが次ページの図 6 です。

　全体像としての「N 日間の TR」の中には、「＋ DI」と「ー DI」と評価される部分があります。それ以外に「中立」の部分もあります。中立は DMI の計算式で説明した図 5 のようなとき、つまり、買いエネルギーも売りエネルギーも「0」のときです。

　この図の中の分母と称される部分は「（N 日間での）上昇のエネルギーと下降のエネルギーの合計（全体像）がどれくらいあるのか」を示したものです。分子と称される部分は、「（その N 日の間で）上昇のエネルギーと下降のエネルギーの "差" がどれくらいあるのか」を表しています。

　「過去 N 日間の値動き（TR）の中から、上昇幅と下降幅だけを取り出して（分母）、上昇パワーと下降パワーの差（分子）を知る。その差が大きければ大きいほど、トレンドがはっきりしている」。これが、DX からわかることです。

　今度は、図 7 の①を見てください。この場合の TR は、本日の高値と安値の差に、そして＋ DM は前日（グレー）の高値と本日（青色）の高値の差になります。すると、TR の中で残された部分があることがわかります。これも中立の部分です。

　図 7 の②では、安値も更新していますが、高値更新の幅のほうが大

224

◆図6

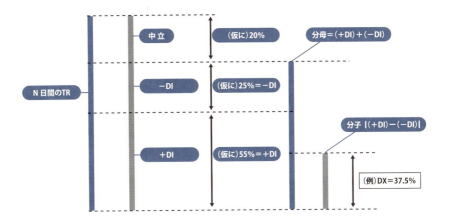

◆図7

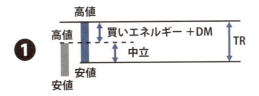

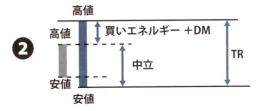

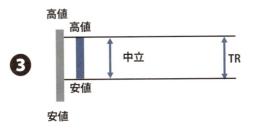

きいので＋DMだけ計算します。それ以外は中立の部分になります。③はそもそもすべてが中立の部分となります。

　DMIの計算式に出てくるTRは、「＋DI」「－DI」「中立」の3つの要素で成り立っています。仮に、この3つの要素がちょうど1／3ずつだったとしましょう。パーセントで表すとそれぞれ33.3……％ずつ。合計で100％です。

　ただ、単に33.3……という数字だけを見ても、（これから先ADXを見たときに）それが大きいか小さいか、わかりません。そこで、イメージしやすい数字に変えます。

　例えば、この3要素の均衡状態が崩れて＋DIだけが「50」を超えれば、それだけでだいぶ強いとわかります。さらに60、70、80という具合に増えていくならば、相当強い上昇トレンドだとわかるでしょう。

　とはいえ、現実にはそんな数値はありえません。あくまでTRの中で、「＋DI」「－DI」「中立」の3つのうち、どの要素が強く、その市場がどのような様相を呈しているのかをイメージできればよいのです。

　理論的には、3要素すべてが0〜100の範囲で動くことになりますが、実際は「中立」の部分が圧倒的に大きく、±DIは5〜55の間で動くことが普通です。しかも、50を超えることは滅多にありません。30を超えてくれば比較的大きな数値と判断します。反対に25を下回ってくれば比較的小さな数値といえます。

　さて、図6を見るとわかるように、ADXでは中立の部分は不要で、±DIだけで求められますから、数値が変化しやすいという特徴があります。数値的には35を上回ってくると高い、25を下回ってくると低いと判断してよいでしょう。基本的には5から65くらいの間で推移しますから、10を割ることや、60を超えることは滅多にありません。

226

第4節
仕掛けと手仕舞い

　ADX が＋ DI と－ DI より下にあるときはトレンドがない状況です。ADX が低いということは＋ DI と－ DI の差が小さいことに他ならず、もみ合い相場ということになるからです。その状況が長ければ長いほど、次のトレンドを作るエネルギーが溜まってきます。

　ワイルダーは、「相場の 70％ がもみ合い期間で、30％ がトレンド期間である」と分析しています。その分析に従って、われわれは 30％ の期間が始まる（＝トレンドが始まる）きっかけを探すことにします。

　ひとつのきっかけは、ADX の数値が 4 ポイント上昇したときです。ADX が＋ DI、－ DI の下にあるとき、10 ～ 15、場合によっては 8 といった数値を多くつけることが観察されています。

　それでは、買いを仕掛ける想定で考えてみましょう。例えば、その「8」という数値がある期間中で一番低かったとします。そこから「4」上昇し、「12」になったときが試合開始のゴングです。ここで試し玉を入れてみてもよいのですが、基本的な仕掛けのポイントはこの後に＋ DI と－ DI がクロスするタイミングです。

　冒頭で説明した通り、＋ DI が上抜けるのであれば買い、－ DI が上抜けるのであれば売りです。仕掛けた後に、＋ DI と－ DI の間隔が広がっていることを確認してください。2 つがすぐに接近してしまう場合は、まだもみ合いが継続する可能性が高いと言えます。

227

◆図8

東京金先物 日足 2011/4/17〜2011/10/19

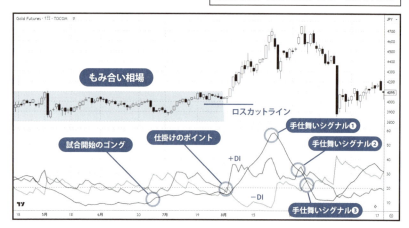

（画像提供）：TradingView

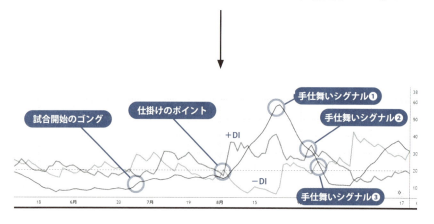

ロスカットラインは、直近の安値に設定します。図8（東京金）のように、このロスカットラインにタッチするともみ合い継続、割り込むと下降トレンドになる可能性があったことがわかります。

　手仕舞いのポイントは3つあります。
　まず、手仕舞いシグナル①としてADXが天井を打ったとき。手仕舞いシグナル②はADXが上にあるDIを下回ったとき。そして、手仕舞いシグナル③はADXが下にあるDIをも下回ったときです。
　図8の下の図で、上記の話にそれぞれ対応しているところを確認してください。この3段階のシグナルに合わせて持っているポジションを、シグナル①のときに何%、②のときに何%、③のときに残りのポジションを手仕舞いするというやり方がよいとされています。参考にしてみてください。

第10章

パラボリックSAR

第1節
分析法は簡単

　パラボリックは世界でも大変有名なテクニカル指標のひとつです。しかし今、日本人でパラボリックを使っている人は少ないかもしれません。私は、トレーダーの皆さんにはぜひ勉強してもらいたいテクニックだと思っています。

　パラボリックの正式名称は「パラボリック SAR」ですが、その呼び方をしている人はほとんどいません。

　本節では、パラボリック SAR とは、そもそもどのようなチャートなのかをお見せします。

1）ドテンのためのシステム＝パラボリック SAR

　次ページを見てください。価格の上下に点があるのが見えます。この点を線でつないで描くこともありますが、点で描くのが開発者の本来の趣旨です。この点描が上昇トレンドと下降トレンドを教えてくれます。非常にシンプルなツールです。

　ところで、「パラボリック」とはどういう意味でしょうか？　パラボラアンテナという言葉を聞いたことがあるはずです。ベランダについているお皿型のアンテナです。「パラボリック」とは、本来は放物線という意味です。あのアンテナも、放物線上で電波を受け取るため、パラボラアンテナと呼ばれています。

図1

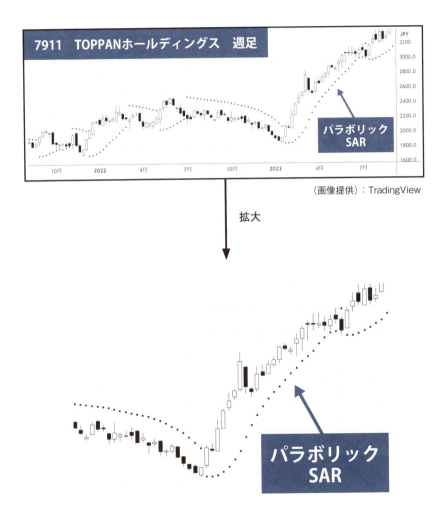

(画像提供)：TradingView

拡大

パラボリックは、1980年にJ・ウエルズ・ワイルダー・ジュニア氏が発表したテクニカル指標です。

　テクニカル分析、チャート分析の世界で最高の名著と言われる『New Concepts in Technical Trading Systems』、日本では『ワイルダーのテクニカル分析入門』（パンローリング）という書名で出版されています。その冒頭でパラボリックのことが紹介されています。

　ワイルダー氏の偉業は「ATR」「DMI」「モメンタム」「RSI」「PIVOT」「CSI」——といったテクニックをすべて単独で発表し、余すことなく1冊の本で紹介していることです。

　その名著中の名著の冒頭で「パラボリック」が紹介されているのです。冒頭に説明を持ってきたということは、やはり代表作だからです。ほかにも有名なテクニカル指標がある中で、「パラボリック」を一番世に広めたかったことが窺えます。

　では「SAR」は、何の略でしょうか？

　実はワイルダー氏がつけたパラボリックの正式名称は「Parabolic Time / Price System」です。それが「パラボリックSAR」という形で世に広まりました。この正式名称からは**「価格」と「時間」の関係を示している**ことがわかります。

　日本では、一目均衡表に「時間の要素」が加味されています。同様に、ワイルダー氏も「時間」という要素に着目してテクニカル指標を作ったのです。

　パラボリックSARのSARは「Stop And Reverse」、つまり「決済とドテン（途転）のためのシステム」という意味です（※）。

※本書では、SARと表記しているところは「ストップ＆リバース」を意味しています。パラボリックSARと表記しているところは「パラボリックSAR」というテクニカル指標（名称）を意味しています。

ドテンというのは、決済してすぐに反対の売買をすることです。買いポジションを決済したらすぐに売りポジションを作る、売りポジションを決済したらすぐに買いポジションを作る、という意味です。

　個人的には、ドテンはあまり好きではありません。やはり1日ぐらいは様子見して、分析をしてからやるべきだと思っていますが、このパラボリックは、まさにそのドテンのためのシステムなのです。

2）トレーリングストップの進化形としてのパラボリック SAR

　ドテンシステムとしてのパラボリック SAR は、トレンドがないときには有効に機能しません。

　移動平均線など、ほかにもドテンで使われる指標は多くありますが、残念ながら、もみ合い相場では、「買えば下がる」「売れば上がる」はよくある話です。

　このため、ドテンシステムであるパラボリックは使い勝手が良くないということで、現在は**決済の指標**として使われることが多くなっています。「買い・売りの仕掛けのタイミングでは他の指標を使い、手仕舞いはパラボリック」という形で、使い分けるトレーダーは少なくありません。

　決済の方法として、トレーリングストップと呼ばれるテクニックがあります。パラボリックはその進化系と言ってよいでしょう。

　買いポジションを作ったときのトレーリングストップは、新たな仕掛けをして、それに対する損切り（決済）のラインを価格の上昇に合わせて切り上げていく手法です。

　例えば、最初 1000 円で買い、仮にロスカットのラインを 900 円に設定したとします。その後、価格が 1000 円から 1500 円、2000 円と上昇しても、急落した場合に 900 円で決済されれば、損を被ってしま

図2

①トレーリングストップロス

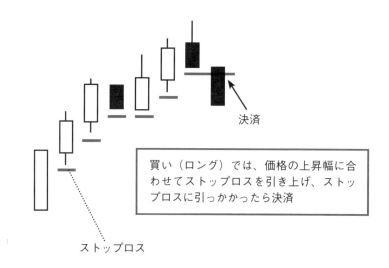

買い（ロング）では、価格の上昇幅に合わせてストップロスを引き上げ、ストップロスに引っかかったら決済

①パラボリックSAR

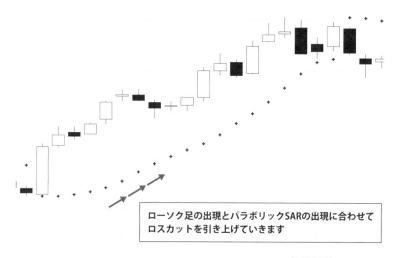

ローソク足の出現とパラボリックSARの出現に合わせてロスカットを引き上げていきます

（画像提供）：TradingView

います。

　そうした事態を避けるため、当初 1000 円で買ったときに 900 円で設定したロスカットラインを、価格の上昇に合わせて引き上げていきます（例えば、価格が 1000 円から 1100 円に 100 円上がったら、ストップロスも 900 円から 1000 円へ、100 円上げる）。この作業をすることによって上昇後の反落場面でも、ある程度の利益が確保できるのです。これはトレード上級者がよく使う手法です。

　ワイルダー氏は、このトレーリングストップを、パラボリックを使って進化させました。まずワイルダー氏のパラボリックに関するコメントを確認しましょう。

　「複雑な概念に進む前に、比較的簡単だが、市場に動きがあれば利益を出すことができるシステムを紹介したい。このシステムはマーケットの動きが中程度（2 〜 3 週間）継続するとき、筆者の知る限り最も利益率が高く、気に入っている。システムの名前は「パラボリック・タイム／プライスという」（『ワイルダーのテクニカル分析入門』より）

　ワイルダー氏の自信のほどが窺えます。特に「トレンドがあるとものの見事に機能する」とし、「中程度以上のトレンド（2 〜 3 週間継続）」であれば、このパラボリックは大変有効だと言うのです。

　では、もみ合い相場のときはどうするのでしょうか。その場合は「他の指標を使う」という説明がなされています。

　このトレーリングストップとしてのパラボリック SAR については、第 4 節で、あらためて詳しく解説します。

237

第2節
パラボリックのルールと弱点

1）パラボリックのルール

　パラボリックの見方・仕掛けルール・手仕舞いルールは、あらゆるテクニカル指標の中で最も単純です。しかし、その背景としてある「なぜ、そこでドテンするのか」という裏側の研究は極めて複雑と言えます。

2）パラボリック SAR の売買ポイント

　パラボリック SAR を利用したトレンド判断と売買サインは以下の通りです。

【トレンド】
・SAR の上に価格があるときが上昇トレンド
・SAR の下に価格があるときが下降トレンド

【売買サイン】
・SAR が上から下に移ったらドテン買い
・SAR が下から上に移ったらドテン売り

238

具体的にチャートを見ていきます。

図3を見てください。チャート上の点の連続がSARです。**SARがローソク足の下にある期間が上昇トレンド、SARがローソク足の上にある期間が下降トレンドです**。SARがローソク足の上にある間は売りを継続します。

ある地点で、上に位置していたSARが下に切り替わりました。そのときがドテンのタイミングです。このときに売りポジションを決済して買い直します。そして、その後は上昇トレンドが続いている限り、買いポジションを持ち続けることになります。

図3

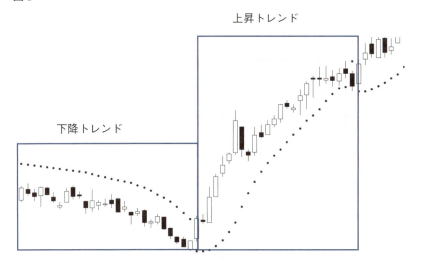

（画像提供）：TradingView

3）ドテンのタイミング

SAR が細かく上がったり下がったりする期間はパラボリックが苦手とするところです。しかし、SAR がローソク足の上にある場合は下降トレンドですから、基本は売っていきます。そして、SAR がローソク足の下に来たら買います。**入れ替わるタイミングでドテンして仕掛ける**のです。

もみ合い相場になると若干のダマシが出てきますので注意が必要ですが、トレンドがあるときにはとても有効です。「どこで買うのか、どこで売るのか」といった"ドテンのタイミング"としてもわかりやすいのです。

このように、パラボリック SAR を分析すると、その特徴は極めて単純に映りますが、「なぜそこに SAR があるのか」「なぜこのテクニックを使うとうまくいくのか」「なぜトレーリングストップにパラボリックが有効なのか」を知ろうとすると、実は、奥が深いものになっていきます。

4）実例紹介

では、売買ポイントの実例を三井物産（8031）のチャートで見ていきましょう（図4）。

①から後の期間ではローソク足（価格）の下に点があります。そして、この期間は上昇トレンドが形成されています。パラボリック SAR が下に移行したタイミングで買いポジションを建てました。その後、SAR は②で突然、価格の上に切り替わるので利確します。これは成功です。このとき、同時に買いから売りにドテンします。

しかし、売ったらすぐに、今度は、上に位置していた点が下になっ

240

図4

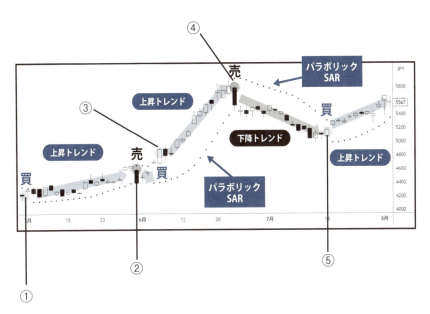

(画像提供):TradingView

てしまいました（③）。ここでドテン買いです。先ほどの売りでは、利益は獲りにくいでしょう。ドテン買いした後はしばらくローソク足の下にSARがあります。上昇トレンドですね。

そこからは、SARがローソク足の上側に移るまで買いポジションを持ち続けます。その後にSARの位置が再度入れ替わったらドテン売りです（④）。もちろんSARが上にある間は売りポジションを持ち続け、再度下側に変わったらドテン買いします（⑤）。

以上が、基本的なパラボリックSARの使い方です。

第3節
パラボリック SAR の計算式を知る

1)「初日（1本目）」と「2日目（2本目）以降」の計算式がある

　分析・売買システムは非常にシンプルですが、理屈の説明は簡単ではありません。もちろん、理屈を知らなくてもパラボリックを使うことはできます。事実、ほかのテクニカル指標を解説している動画やホームページでもほとんど「使い方」しか説明していません。

　しかし、ここからが「チャート分析大全」の本質です。今回も、SAR の計算式を見ていきます。「初日（※1本目）」と「2日目（※2本目）以降」では、計算式が異なる点に注意してください。

【初日（1本目）の計算式】

◆上昇トレンド時
現在が上昇トレンドなら、その直前の下降トレンドの最安値を初日の SAR とする。

◆下降トレンド時
現在が下降トレンドなら、その直前の上昇トレンドの最高値を初日の SAR とする。

243

図5を見てください。SARは点線の部分です。チャート左端から上昇トレンドがスタートして、下降トレンドに切り替わります。

下降トレンドに切り替わったときの初日のSARは、その日の最高値です（①）。実際、①から下げが始まっています。そして上昇トレンドに切り替わるときの最初のSARは、直前の下降トレンドの最安値になります。

「なぜ、そうなのか？」と思うことでしょう。しかし、このルールを覚えることが目的ではありません。「なぜ？」を考えてみることが重要です。

図5

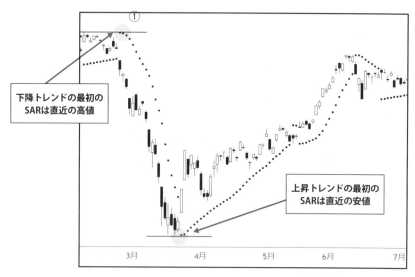

（画像提供）：TradingView

次に、2日目以降の計算式を見てみましょう。

【パラボリックの計算式［2日目（2本目）以降］】

◆上昇トレンド時

本日の SAR ＝昨日の SAR ＋ AF ×（最高値－昨日の SAR）

※最高値とは今回の上昇トレンドの中で本日までの最高値

※ AF とは、加速係数のこと

◆下降トレンド時

本日の SAR ＝昨日の SAR － AF ×（最安値－昨日の SAR）

※最安値とは今回の上昇トレンドの中で本日までの最安値

◆ AF（加速係数）：上昇トレンドの場合

① 0.02 からスタート

②最高値が更新されるたびに 0.02 ずつ増加する

③ 0.2 に到達後は不変

※ 0.02 からスタートし、0.04、0.06……と最高値が更新されるたびに 0.02 ずつ増加します。0.2 に到達したらその後は変化せず、0.2 を維持します

ここで大事なことは、「計算式の意味」や「なぜ、AF は 0.02 からスタートするのか」「なぜ最高値を更新するたびに AF は増加するのか」「なぜ AF の増加割合は 0.02 ずつなのか」「なぜ 0.2 に到達後、AF はそれ以上増加しないのか」について、少しでも知ろうとすることです。

実は、AF の①〜③は変換可能なパラメーターです。トレードする銘柄によって、0.02 を少し大きくしたり、あるいは 0.2 に到達以降は

245

不変としたものをより大きくしたり小さくしたりすることで、適切な、自分流の「値」を算出できます。実は、ワイルダーの設定した数値が、あなたのトレードにおいて必ずしも正解というわけではないのです。

　ただし、この計算式やそれぞれの意味を理解していなければ、どのように数値を設定してよいかがわかりません。だからこそ、難しいかもしれませんが、計算式の意味を知ってもらいたいのです。なぜなら、読者の皆さんのトレードの実力を上げることにつながるからです。

　例えば、トレーリングストップを使いたいと考えているとします。しかし、通常のトレーリングストップには欠点があります。そこで、上級者向けにさらに優秀なトレーリングストップを作らなければいけないのですが、このとき、パラボリックの計算式がわかっていると、「トレード上級者がどのようにトレーリングストップを調整していくのか」もわかるようになります。

2）パラボリック SAR の計算式から導き出されるドテンシグナル

　ドテンについては、235 ページで説明した通りです。ここで、ドテンシグナルについても、以下に簡単に説明しておきます。

【ドテンシグナル】

◎価格が上昇して、（それまで価格の）上にあったSARを上回ったら、下降トレンドから上昇トレンドのSARへと計算を変える

◎価格が下降して、（それまで価格の）下にあったSARを下回ったら、上昇トレンドから下降トレンドのSARへと計算を変える

今、下降トレンドだと仮定します。下降トレンドでは、SARは価格の上側に位置しています。価格がどんどん下がっていきますが、やがてどこかで底打ちすると、今度は、上昇に転じます。

　その後、それまで価格の上側にあったSARを価格が超えると、その瞬間にSARは価格の上には描かれなくなります。下降トレンドから上昇トレンドに切り替わったと判断し、今まで上に位置していたSARを価格の下に描くからです。すなわち、上昇トレンド時の計算式に変えるわけです。上昇トレンドの初日の計算式は、直前の下降トレンドの最安値となります（243ページ参照）。

　以上が、計算式のすべてですが、まだわからないと思います。そこで、パラボリックSARの計算式の意味をもう少し詳しく説明します。

3）初日の計算式の考え方

　図6を見てください。下降トレンドの期間は価格の上にSARがありました。それが上昇トレンドに切り替わってきたとなると、上にあっ

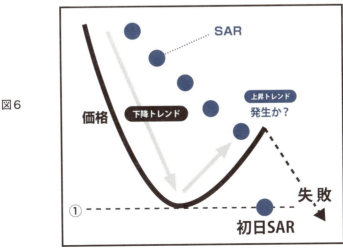
図6

たSARを価格が超えてきます。超えてきた瞬間に、上にあったSRAを価格の下に描きます。このときの初日のSARは、243ページの計算式の通り、その直前の下降トレンドの最安値となります［図6の①のライン］。そして、ここがポイントとなります。

なぜ、ここがポイントかというと、パラボリックはトレーリングストップにも使うと説明したように、（初日SARは）上昇トレンドから下降トレンド、下降トレンドから上昇トレンドに切り替わる分岐点となるからです。

初日SAR＝分岐点とした理由は、この分岐点より上なら上昇トレンド継続、下に行くようであれば下降トレンドに変化することを意味するところにあります。もしも価格が初日SARを割り込んだら、その時点で下にあったSARは上に切り替わります。

では、なぜ①のラインが初日の分岐点として重要なのでしょうか。その理由は、それまで下がってきた価格が上昇に転じたことで、上昇トレンドが発生したのではないかと考えたからです。つまり、SARの位置が変わったからです。

ところが、その後、下げに転じて初日SARを下回ると、この動きは波動でいう「戻り売り下降のN波動（図7）」になります。

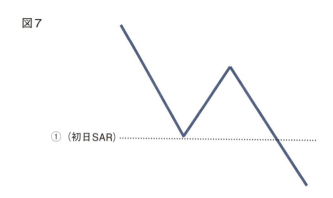

第1波動、第2波動、第3波動とすると、高値も安値も切り下がっているので、これは下降トレンドだと推定できます。その下降トレンドが明確になるのがどこかといえば、前回の安値である①（初日SAR）を割り込んだ地点なのです。

　次は図8を見てください。上昇トレンド時のSARは価格の下側です。いずれ価格は下げに転じ、SARを"（それまで）上昇していた価格"が下回ってきます。この状況になると、すでに上昇トレンドではありませんので、今度は価格の上にSARが描かれることになります。

　そして、その初日のSARをどこで描くかというと、その直前の上昇トレンドの最高値である①のラインになります。①よりも下ならまだ高値を切り下げているということですから、下降トレンドの可能性が高いと推定できます。

　しかし、この高値を超える値が出てきたとしたら、もうそれは下降トレンドではなく、上昇トレンドの復活です。トレード上級者は、この高値更新でロスカットを行い、場合によってはドテン買いを行います。

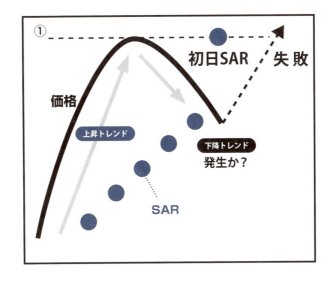

図8

4）2日目以降の計算式の考え方

　ここからは、2日目以降の考え方についてです。

　パラボリックSARは、トレーリングストップの進化形であるという話をしました。トレーリングストップとは、価格の上昇に応じてロスカットインを切り上げていく手法です。そうすることによって、ある程度の利益が確保できます。

　しかし、問題点もあります。価格上昇の最中にロスカットラインを切り上げているので、（本来なら利益を伸ばせた場面でも）ちょっとした下げでストップロスにヒットしてしまうことがあるのです。

　上昇の過程であっても、価格は上下動を繰り返しながら切り上げていくので、当然、一時的な押し目ができます。このとき、ロスカットラインが押し目のはるか下にあれば、その一時的な押し目で決済させられてしまうことなく、その後の本格的な上昇を獲れるはずです。

　トレード上級者はそのあたりを考慮して、価格の上昇に合わせて上手に調整しながらロスカットラインを切り上げていきます。その調整のときに登場するのがパラボリックなのです。

　この話を頭に入れてもらって、この先の説明を読んでください。

　図9の上段を見てください。価格の上昇に合わせて、ロスカットラインを随時切り上げていく点は同様ですが、初期では、最高値を更新しなくても、時間の経過とともに、昨日までの最高値に2％（＝AF 0.02）ずつ近づけていくことが基本になっています。ということは、毎日2％ずつ近づいていきますから、計算上、高値が更新されなければ、「昨日までの最高値」には50日間で追いつくことになります。50日を経ないと「昨日までの最高値」には到達しないのですから、ストップロスにヒットせず安心してよいような気がします。

　しかし、それは、あくまでも価格が変わらなかった場合の話です。

◆図9　2日目以降のパラボリックの仕組み

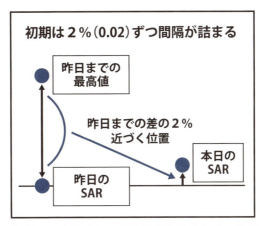

初期は、本日のSARは昨日のSARよりも、昨日までの最高値に対して2％近づいている

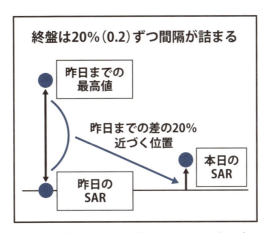

終盤は、本日のSARは昨日のSARよりも、昨日までの最高値に対して20％近づいている

・上昇トレンド時、パラボリックは毎日上昇していく
・1日の上昇分は加速係数（AF）で決まる
・AFが0.02ということは、最高値とSARの差の2％だけ翌日のSARは上昇するということである
・下降トレンド時はその逆

下げ出したらあっという間にストップロスにヒットしてしまいます。

　さて、最初はなかなか間隔が詰まらないような気がしますが、終盤では20%（＝ AF 0.2）までこの数値を上げます（図9の下段参照）。ということは、「昨日までの最高値」と「本日のSAR」の差に対して20%ずつ詰めていくことになります。そうだとすると「昨日までの最高値」が不変なら、5日で追いつくことになります。つまり、ちょっとでも下げればあっという間にストップロスになってしまうのです。

　終盤ではロスカットラインが急激に価格に近づいていく、初期は時間が経ってもなかなか詰まっていかない──。このあたりの考え方が非常に絶妙なのです。「どうして、そういうことになっているか」については、第3節の計算式の話をもう一度、確認してください。

5）加速係数について

　ここで、加速係数に関して、もう一度、整理しておきます。上昇トレンドの場合で考えます。

　最初は0.02（2%）でした。つまり最高値とSARの差が2%ずつ詰まっていきます。最高値が不変なら、ロスカットラインが「昨日までの最高値」に到達するまで50日かかります。50日かかって初めて上昇トレンドから下降トレンドに変わるという話です。

　ただし、加速係数は高値を更新すると、そのたびに0.02ずつ増加しますから、2%、4%、6%、8%、10%、12%……という具合に、最高値とSARの差が加速度的に詰まっていきます。

　競争に例えてみましょう。トップを走っている人間の気持ちとして、2位との差がどんどん詰まってくると、1位をキープしていても非常に心配な状態になります。追い詰められる状況が続くからです。

　そして、高値を更新するたびにその差が詰まり、やがて20%に拡

大すると、そこから先は、詰まるスピードはほとんど変わらなくなります。その代わり、後ろを向いて走ったら、あっという間に追い越されてしまいます。

感覚的に、少しずつ、計算式がわかっていただけたでしょうか。新高値を付けるたびに加速係数が上がっていくわけですから、値段が上がれば上がるほど、「少しでも下がったら、上昇トレンドが終わるかもしれないから、早めに手仕舞ってしまおう」という気持ちが、加速係数の設定の仕方からくみ取れるかと思います。

このパラボリックの計算式には、ワイルダー氏が言及している"やや複雑な補足"があります（以下参照）。この補足は、「本日の価格が昨日あるいは一昨日と変わらないのに、SARに引っかかってしまう」ということがないようにするための設定です。

◆上昇トレンド時
上昇トレンド時、SARは昨日の最安値、一昨日の最安値を超えてはいけない。計算上、もし超えた場合は、昨日・一昨日の最安値を本日のSARとする。

◆下降トレンド時
下降トレンド時、SARは昨日の最高値、一昨日の最高値を下回ってはいけない。計算上、もし下回った場合は、昨日・一昨日の最高値を本日のSARとする。

SARに引っかかるということは、上昇トレンドから下降トレンドに切り替わる、下降トレンドから上昇トレンドに切り替わることを意味

します。「価格が動かないのに SAR に引っかかることがないようにするための細工」と言えるでしょう。

①今日の価格が昨日の安値を割っていないパターン

　次ページ上段の図を参照してください。今、上昇トレンドです。価格の下に SAR があるのでわかります。一昨日の SAR（①）、昨日の SAR（②）、そして今日の SAR を計算したら、最安値が変わらなくても「計算上の SAR（③）」になることがあります。この計算上の SAR（③）を適用してしまうと、仮に、今日の最安値が昨日の最安値と一緒だった場合（最安値を更新しない場合）、最安値が変わらないにもかかわらず、SAR にタッチする状況が発生してしまいます。上昇トレンドから下降トレンドに変わるというダマシを生んでしまうのです。

　上昇トレンドから下降トレンドに変わるときには、「価格が下がっていくことによって下降トレンドに変わった」としたいわけですから、計算上、価格（最安値）が変わらないのに SAR にタッチした場合には、昨日と一昨日の安値を比べて、より低い安値④に修正します。

②今日の価格が一昨日の安値を割っていないパターン

　次ページ下段の図を見てください。計算上の SAR は⑤です。このとき、今日の価格が一昨日のローソク足と一緒だとすると、計算上の SAR⑤に引っかかってしまいます。ということは、今は上昇トレンドでありながら、「これから下降トレンドだ」というサインが出てしまうわけです。それはおかしいという考えです。

　同じ状態ですから SAR に引っかかってはいけません。このようなダマシを回避するために、ワイルダー氏は補足をつけたのです。

254

◆図10

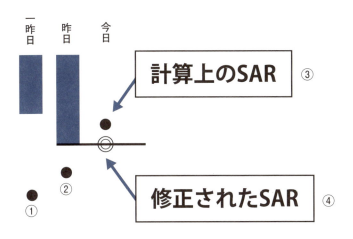

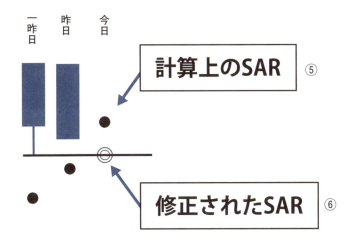

最後に、加速係数の演習を行ってみましょう（図11）。

加速係数のスタートは 0.02 です。価格が上昇したら上昇するたびに 0.02 ずつ増えていきます。0.2 になったらそれ以上は増えません。

チャートの価格に注目しながら考えてください。2 日目の加速係数は価格が上昇しているので 0.04 になります。3 日目の加速係数は、価格が上昇しているので 0.06。4 日目も同じく価格が上昇しているので 0.08。5 日目の加速係数も、価格が上昇しているので 0.1。6 日目は、5 日目に比べ下げているから、5 日目と同じ 0.1。7 日目から 10 日目までも同様に 0.1 です。

まずは、ここまで、理解してください。

◆図11

	価　格	SAR	最高値ー SAR（A）	加速係数（B）	A × B
初日	1000			0.02	
2日目	1022			0.04	
3日目	1027			0.06	
4日目	1034			0.08	
5日目	1037			0.10	
6日目	1035			0.10	
7日目	1025			0.10	
8日目	993			0.10	
9日目	977			0.10	
10日目	958			0.10	

第4節
「パラボリック SAR」は
トレーリングストップの進化版として使う

1）パラボリック＝進化したトレーリングストップ

　本来、パラボリックはドテンシステムとして生まれたものですが、やはりドテンはなかなかうまくいきません。そこで、先述したように、現在はパラボリックをトレーリングストップとして使うトレーダーが多くなっています。実際、トレーリングストップとしては極めて優秀なツールです。通常のトレーリングストップよりもはるかにレベルが高いと評価されています。

　パラボリックは、進化したトレーリングストップです。本節では、以降、パラボリックを利用したトレーリングストップに関して詳しく解説します。

2）パラボリックのストップ

　上昇相場を例にします。パラボリックのストップ、つまりどんどん切り上がっていく SAR を決済ラインにすることに、どういう意味があるのかという話を展開しましょう。

　次ページ下段の「SAR 変動の特徴」で示しているように、「価格が加速度をつけて上昇しているとき」とは、最高値と現在価格が急激に

257

右肩上がりで動いている状態を指します。ものすごい勢いで逃げているときに、SARは2％ずつ詰めてきます。2％ずつ詰めてくるときに、最高値と現在価格が3％、4％の勢いで上昇していれば両者の差は広がっていきます。

とはいえ、高値の更新が続けば、それを受けてSARも4％、6％、8％……と加速しながら差を詰めてきます。

もちろん、最高値と現在価格がそれ以上の加速度で動き続ければ、差は広がっていく理屈です。

しかし、最高値と現在価格の動きが徐々に緩やかになってくると、上昇を維持しながらも間隔は次第に詰まってくるはずです。

SARの初期の速度は2％から始まります。そして、最高値の更新とともに、4％、6％、8％……となり最終的に20％に達します。これが上昇相場の初期です。

◆ SAR 変動の特徴

①価格が加速度をつけて上昇しているときにはストップラインも上昇するも離されていき、価格が上昇速度を緩めると、ストップラインは間隔を詰めながら上昇していく。
②初期は速度が遅く、次第に速まり、最後には速いスピードで一定になる。

それでは、価格が横ばいのときはどうなるでしょうか？

　価格が横ばいで推移しても、ロスカットラインは次第に上昇していきます。時間の経過とともに一定割合で間隔を詰めてきます。"一度つけた加速変数は戻らない"というルールに基づくと、例えば加速変数が0.06でストップしても、毎日（毎本）6％ずつ差を詰めてくることになります。

　当初は2％、4％、6％……と増加します。そして、増加率が6％のときに横ばいになれば、その後は毎日6％が連続します。8％のときに横ばいになれば、8％ずつ差を詰めていくのです。

　利確等で、上昇トレンド時に価格が下落したときも考え方は同じです。最高値は変わらず、価格が下落していくとどうなるでしょう。もちろん、ロスカットラインとして設定しているSARは次第に上昇していきます。この点が一般的なトレーリングストップとの違いです。

　普通なら価格の下落時にトレーリングストップが切り上がることはありません。しかし、SARは時間の経過とともに、そのときの速度で最高値に対して差を詰めてくるのです。SARは最高値を目標として間隔を詰めてきますから、現在の価格が下がったら「あ！　捕まっちゃった！」という状態になります。そして、最終的に転換点を迎えます。

3）チャート上の鬼ごっこ

　もう少し、話を続けます。上昇相場を例に、パラボリックをトレーリングストップとして使った場合の特徴を鬼ごっこに例えて説明します。価格をトレーダー、SARを鬼とします。鬼に捕まったら上昇トレンドは終焉を迎えます。

259

トレンドの序盤から考えていきます。序盤では、最高値と SAR の差が２％ずつ詰まっていきます。大したことはありません。トレーダーが２％以上の速足で逃げれば、鬼との距離は離れていきます。

ただし、鬼の２％の追い上げは、４％、６％……という具合に次第に加速してきます。それよりも逃げ足が速ければ問題はありません。2％、４％、６％……というのは割と小さな詰め方ですから、初期においては鬼との差はそれほど詰まりません。

トレンドの初期はまだトレンドが安定せず、価格が上下運動を繰り返します。この安定しない上下運動でストップラインにヒットしてしまうと、その後のトレンドがまったく獲れません。ですから、最初は言うほど鬼との距離は縮まらないような設定になっています。最終的には２割ずつ詰めてくることを考えると、２％、４％、６％の追い上げは小さな歩幅です。

次はトレンドの中盤です。鬼は次第にスピードを上げてきます。２％から４％、６％、８％……と速度を上げて、どんどんどんどん近づいてきます。鬼との距離を広げるためには、価格の上昇速度も加速度を増さなければなりません。

疲れる話です。途中で息切れして立ち止まると、鬼は急接近してきます。

つまり中期においては、鬼との差を広げることは、時間が経過すればするほど難しくなってくるのです。

一般的に、トレンド中盤は、最も勢いがある期間と言えます。にもかかわらず、それができないとしたらどうでしょう。今回の上げは大相場になりそうにないと予感させられます。大相場になりそうにないのなら、いっそ早めに決済したほうがよいということです。

以上から、トレンド中盤で鬼に捕まらないときとは、「鬼が近づいてくる加速よりも大きな加速度で上昇している」という状況であるこ

とを理解していただけたでしょうか。

　鬼の加速は2割に達したら止みます。とはいえ、最高値と鬼との間隔を2割ずつ詰めていくのですから、相当速いと言えます。鬼との差を広げるためには、鬼の速度以上の速度で逃げる必要があります。それなのに、停滞したり、逆に少しでも後退したりすれば、鬼が一気に近づいてくることになります。

　ですから、トレンドの終盤での停滞や後退は許されません。追いつかれたときが上昇相場の終末です。

　ただし、ものは考えようです。パラボリックをトレーリングストップとして使えば、当初設定したストップラインではなく、最高値から少し下げた地点で鬼に捕まるわけですから、そのときには相当程度の利益が確保できているはずです。

　このようにSAR、すなわち、絶妙な計算（式）によってストップラインの調整をしているのがパラボリックだという意味がわかっていただけるのではないでしょうか。

4）具体的な計算例

　SARの基本的な計算方法は本章の第3節で示しています。今度は、256ページでも紹介した図に、再度、具体的に数字を当てはめて確認してみましょう。

　今、下降トレンドが見られました。すなわち、価格の上側にパラボリックSARがあります。

　この下降トレンドが900円で底打ちし、1000円まで上昇してSARとクロスしたとします。それにより下降トレンドが終了し、上昇トレンドがスタートします。もちろん、その地点からSARは価格の下に

261

出てきます。

　上昇トレンド初日の SAR は直前の下降トレンドの最安値である 900 円です。すると、今の最高値である 1000 円と初日 SAR の差は 100 円になります。

　100 円の 2％は 2 円です。1 日に 2 円しか縮まらないのであれば、鬼はそれほど怖くありません。トレンドの初期は少々価格変動があっても鬼に捕まることがないというのはそういう意味です。

①加速係数の変化を見る

　しかし、1000 円を起点とした価格は、10 日目に 958 円まで反落しています。245 ページの復習となりますが、この場合の加速係数の変化を考えてみましょう。

　初日は 2％ = 0.02。

　2 日目は 0.04 に増加します。理由は価格が上昇（1000 円から 1022 円へ）しているからです。

　3 日目の価格は 1027 円と連続で上昇しているため、加速係数は 0.06 になります。

　4 日目も同様に価格は上昇しているので加速係数は 0.08。5 日目は 0.10 です。6 日目からは、価格は逆に下げ始めています。加速係数は最大で 0.2 = 20％に到達しますが、今回はそこに到達する以前の 0.1 = 10％で頭打ちとなります。なぜなら、加速係数は最高値の 1037 円を更新しない限り変わらないルールだからです。

② SAR を計算する

　次は SAR を計算します。計算方法は先述した通りです。

　2 日目の SAR は 902 円です（900 円 + 2 円）。この日の最高値は 1022 円でした（次ページの図 12）。

　3 日目の SAR を計算します。902 円と 2 日目の最高値 1022 円の差

262

◆図12（再掲）

	価　格	SAR	最高値－SAR（A）	加速係数（B）	A × B
初日	1000			0.02	
2日目	1022			0.04	
3日目	1027			0.06	
4日目	1034			0.08	
5日目	1037			0.10	
6日目	1035			0.10	
7日目	1025			0.10	
8日目	993			0.10	
9日目	977			0.10	
10日目	958			0.10	

120円に加速係数の0.04（＝4％）を掛けた結果は4.8円ですが、円単位で考えるために四捨五入すると5円になります。3日目のSARは2日目のSAR 902円と5円の和で907円（902円＋5円）となります。

4日目のSARを計算します。3日目の最高値1027円から907円を引いて120円。それに0.6（＝6％）を掛けると7.2円なので四捨五入して7円。結果、本日のSARは914円（907円＋7円）です。

同様に、5日目のSARは、914円に10円（120円×0.8＝9.6円を四捨五入して10円）を足して924円。

6日目は、924円と1037円との差113円に0.1を掛けて求めた11.3円を四捨五入して11円。前日のSARに11円を足すと924円＋11円＝935円となります。すると、この日の最高値1035円との差は100円。

7日目は、100円に0.1を掛けて10円を求めたうえで、前日のSAR 935円に足すと新しいSARは945円。高値1025円との差は80円です。

8日目は前日の（A）（最高値－SAR）である80円をもとに8円を算出し、945円に8円を足すのでSARは953円。8日目の価格とSARの差は40円です。

9日目は40円×0.1となるので4円。新しいSAR（9日目のSAR）は4円を足して957円。

10日目は、9日目の価格977円とSARの差が20円なので、0.1を掛けると2円。957円に2円を足すと、この日のSARは959円となります。

さて、このときに何が起こっているでしょうか？

10日目の価格は958円ですからSARを下回っています。この瞬間に、今まで価格の下側にあったSARの位置が上下逆転します。

このように、計算方法がわかれば、必然的にパラボリックのロジックも理解できるはずです。

264

◆図13

	価　格	SAR	最高値ー SAR（A）	加速係数 （B）	A × B	四捨五入
初日	1000	900	100	0.02	2	2円
2日目	1022	902	120	0.04	4.8	5円
3日目	1027	907	120	0.06	7.2	7円
4日目	1034	914	120	0.08	9.6	10円
5日目	1037	924	113	0.10	11.3	11円
6日目	1035	935	100	0.10	10	10円
7日目	1025	945	80	0.10	8	8円
8日目	993	953	40	0.10	4	4円
9日目	977	957	20	0.10	2	2円
10日目	958	959				

5）同じチャートを異なる視点から見ると……

実際のチャートで確認してみましょう（図14）。これは、世界を代表する Apple（アップル）社の 2023 年の日足チャートです。大きく上昇していることがひと目でわかります。ローソク足を挟むように描かれている点線がパラボリックです。ローソク足より下に点線があるときは上昇トレンド時、上に点線があるときは下降トレンド時です。

こうしてチャートを見る限り、これほどきれいな上昇相場はないのではないかとの印象を持ちます。ところが、実際には、ドテン買いとドテン売りを繰り返した結果、苦い結果に終わりました。

ただし、ドテン売買ではなく、トレーリングストップの視点に立つと、違った風景が見えてくるのです。

特徴として、SAR の上がり方が次第に急激になっている事実は、チャートのどこを見てもわかります。なぜなら、加速係数がどんどん増加していくからです。このチャートでは長期の上昇トレンドはありません。仮に長期にわたる上昇トレンドであるならば、パラボリック SAR はある程度のところで加速しなくなります。

◆図14

（画像提供）：TradingView

チャートは上昇にもかかわらずパラボリックSARはドテンを繰り返しています

初期では、大きかった"価格とSARとの差"がどんどん詰まっていきます。ましてや価格が横ばい状態になったら、あっという間に詰まってしまいます。こういうケースでは、正直、トレーリングストップとしては少々使いにくい面があります。

どういうことかと言うと、①で買って②で利益確定、③で買いなおして④で決済というようにサインが出るのです。つまり、この上昇トレンドを7回くらいに分けて狙うのはいかがなものでしょうか、という話なのです。もう少しまとめて獲りたいと思うはずです。

では、まとめて利益を獲りにいける設定にするにはどうしたらよいか、考えてみましょう。

6) パラメーターを調整してサインの出し方を変える

まとめて利益を確保するために、デフォルトでは初期の加速係数0.02、1回あたりの増加割合0.02、最大値0.2だったパラメーターを調整することにします。このチャートソフト（TradingView）では、「設定」を開いてパラメーターを変えることができます（図15）。

◆図15

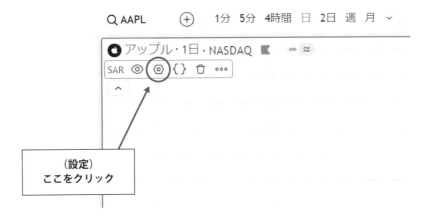

ただし、SARの上がり過ぎを嫌うあまり極端に変更するのは避けるべきです。そこで緩やかに、例えば増分（※増加割合）を0.02から0.01に引き下げてみます（図16）。すると、デフォルトでは細かく見ると7回ほど繰り返した仕掛けと利食いが5回になりました（図17）。

◆図16

◆図17

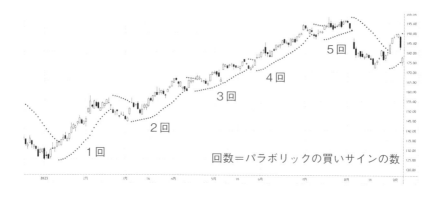

もう一度、調整してみましょう。再度「設定」を開いて、開始の値を 0.01 にします。すると、先ほどよりも鬼は急速に近づいてこなくなります。0.01 からは、0.01 ずつしか増えてきません。

　最高値については、長くトレンドが続いていないので、Max Value（※最大値）を 0.2 から 0.1 にしてみます（図18）。するとよい感じにはなってきたものの、まだ納得がいくものではありません（図19）。

◆図18

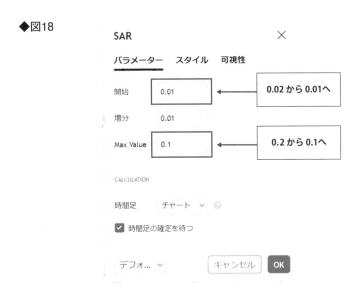

◆図19

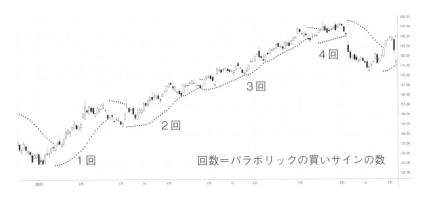

いろいろ調整してみた結果、開始を 0.005、増分を 0.005 にしたところ（図20）、満足のいくものになりました（図21）。

◆図20

◆図21

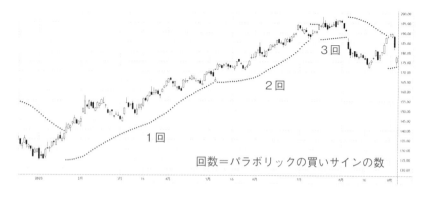

パラボリックをトレーリングストップとして使うのはとても良いアイデアです。

　ただし、自分が手がけている銘柄でパラボリックを表示して、きれいなトレンドが出ているときに、しっかり利益を獲得することができるかどうかを確認する作業は欠かせません。要するに、デフォルトの数値を調整する作業が必要になるのです。そこまでできるようになれば、パラボリックの使い手になれるはずです。

第11章

移動平均線大循環分析を深化した
「3×3分割投資法」

第 1 節
初級編

『3×3分割投資法』は、移動平均線大循環分析（概要を 277 ページと 278 ページに掲載）の仕掛けと手仕舞いを細分化した手法です。決して難しいテクニックではありません。トレードの総量をそれぞれ3分割して執行することが、基本的な考え方になっています。

まずは、基本的な仕掛け、手仕舞いのポイントをおさらいしておいてください。どのようなトレードテクニックも基本が大切です。この『3×3分割投資法』も同様です。

例えば、今見ているチャートが「移動平均線大循環分析でいうステージ6で、3本の MACD が右肩上がり」だとしましょう。基本的に買い仕掛けのタイミングです。

しかし、一方で、「直近の下げの動きが長い」「前回の高値を更新していない」「今日、陰線が出た」という様子が見られるのであれば「もう1本ローソク足を見て仕掛けを我慢しよう」といった、そのときの状況に応じた考えも頭をよぎります。

このような感覚を持つことはとても大切です。さまざまな要素を考慮せずに無条件で「仕掛け3分割……、手仕舞い3分割……」と、このテクニックに囚われてしまうと成功はおぼつかなくなります。シンプルな手法にこそ「普遍性」があります。多面的な思考法が身についていれば、いくらでも応用は利きますから、今まで学習したことを十分に理解したうえで、本章を読み進めてください。

274

1）リスクを軽減できるメリット

　3×3分割投資法の最大のメリットは「リスクを軽減できる」点にあります。当初想定していた投資資金の総量を3分割し、1回で約定しようとしていたトレードを3回に分けて執行するからです。つまり1回あたりの仕掛けの量を3分割することで、相場が想定とは逆に動いた場合のリスクを1／3に軽減できるのです。

　3×3分割投資法では、ナンピン買いやナンピン売りの考えはありえません。

　1回目の仕掛けが失敗すれば、本来続くはずの2回目、3回目の仕掛けはやめようと判断していきます。したがって、損失の発生は1回目の仕掛け分だけで済むのです。

　1回目の仕掛けの後に価格が想定通りに動けば（買いなら上昇、売りなら下降）、2回目、3回目の仕掛けが可能になります。理論的には1回目の仕掛けが失敗する可能性が最も高くなります。結果として、想定していたトレードのリスクを1／3に軽減できるのです。

　手仕舞いはどうでしょう。

　買った銘柄が大陰線をつけて急に値下がりしたというのはありがちな話です。もちろん、そのポジションを持ち続けるのは大きなリスクですから、手仕舞いを考える必要があります。

　しかし、すべてのポジションを手仕舞いしてしまえば、この先、相場が反転上昇した場合のチャンスを逃すことになります。このとき、持っているポジションを3分割し、1回目の手仕舞いで決済すればリスクは軽減されます。さらに、価格が再び上がり始めたならば、追加で買いを仕掛けることもできるわけです。

275

2）１段上げの相場を獲る

　３×３分割投資法には、移動平均線大循環分析が苦手とする１段目の上げ相場でもしっかりと利益を獲れるという「２つ目のメリット」があります。

　移動平均線大循環分析は「勝負どころで利益を確実に獲ること」を大きな目標のひとつとしています。その勝負どころとは、３段上げ相場の２段目と３段目です。

　３×３分割投資法の観点では、１段目の上げは練習試合です。２段目は予選、３段目は決勝戦といったところでしょうか。３段目は是が非でも勝ちたい。２段目ももちろん大事。１段目は獲れようが獲れまいが、さほど重大ではありません。

　とはいえ、実際には１段上げの相場はそれなりに多くあります。だとすれば、１段上げの相場もしっかり獲るべきでしょう。

　１年のトレードを総括すると、やはり１段上げの相場を獲っても獲らなくても、成績にさしたる影響はありません。しかし、売買を繰り返す日々の中で、「今回も１段目を獲り損ねた」と悔恨を繰り返すのは避けたいところです。

　では、どうすれば１段上げ相場で獲れるようになるのでしょうか。

　上がり始めた相場では、仕掛けが早ければ早いほど、利益を増やせます。それは間違いありません。例えば、移動平均線大循環分析の第５ステージで仕掛ける「トレンド転換の仕掛け」は、そもそも早すぎる場面です。しかし、想定した投資資金の１／３ならリスクを軽減できます。何より、価格が上昇すればより大きな利益が生まれます。手仕舞いも１／３で執行するので、トレンドが続く限り、ダマシのリスクも減衰し、ポジションを長く持ち続けることが可能になります。

276

◆図1 「短期」「中期」「長期」の3本の移動平均線で分析する

3本の移動平均線

- 短期・中期・長期の3本の指数平滑移動平均線（EMA）を使う
- 短期線＝5日移動平均線・中期線＝20日移動平均線・長期線＝40日移動平均線

移動平均線大循環分析でわかること

- 並び順でステージがわかる
- 傾きでトレンドの強弱がわかる
- 間隔でトレンドの継続性がわかる

◆図2 移動平均線の並び順で6つのステージに分かれる

3本の移動平均線の並び順

- 第1ステージ・・・並び順が上から 短期 中期 長期
- 第2ステージ・・・並び順が上から 中期 短期 長期
- 第3ステージ・・・並び順が上から 中期 長期 短期
- 第4ステージ・・・並び順が上から 長期 中期 短期
- 第5ステージ・・・並び順が上から 長期 短期 中期
- 第6ステージ・・・並び順が上から 短期 長期 中期

◆図3 移動平均線大循環分析で3つのパターンがわかる

相場の3つの局面

- 安定上昇期 … 第1ステージが中心
- 安定下降期 … 第4ステージが中心
- それ以外 ……ステージがコロコロ変わる

277

◆図4　ステージを見れば現況がわかる

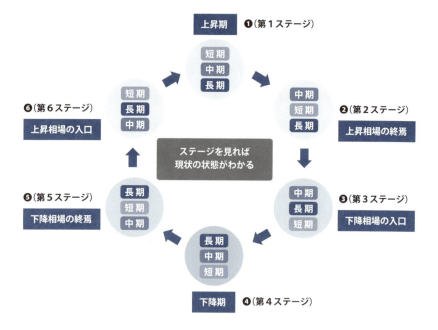

◆図5　安定上昇期は第1ステージ、安定下降期は第4ステージ

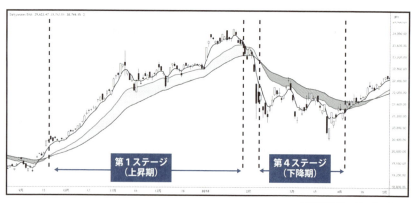

(画像提供)：TradingView

3）無視できないリスク（デメリット）

　『移動平均線大循環分析』は、それだけでも有効ですが、『大循環MACD分析』とセットで考えると、大きなトレンドだけでなく、小さなトレンドも狙うことが可能になります（大循環MACD分析の概要については、280ページと281ページ参照）。

　小さなトレンドも取りこぼさずに狙いにいける『大循環MACD分析』には、以下のルールがあります。

◎ MACD3が下げ出したら1番目の手仕舞い
◎高値を更新したら追加で仕掛ける

　ただし、このルールに忠実に従いトレードをすると、手仕舞っては仕掛けて……と、かなり忙しくなってしまいます。
　この「売買頻度が高くなってしまう」という点は、実は「3×3分割投資法」にも見られるリスク（＝デメリット）です。
　リスク軽減の方法として「両建て」という手法があります。3×3分割投資法のすべてのルールに従うと、局面によっては、ある瞬間にこの両建て状態になってしまうことがあります。ただし、両建てとは買いと売りを同時に持つことですので、その状態では上昇しても下降しても損益は変わりませんので、リスクヘッジとなり、リスクを抑えることができます。

◆図6　大循環MACD分析の概要

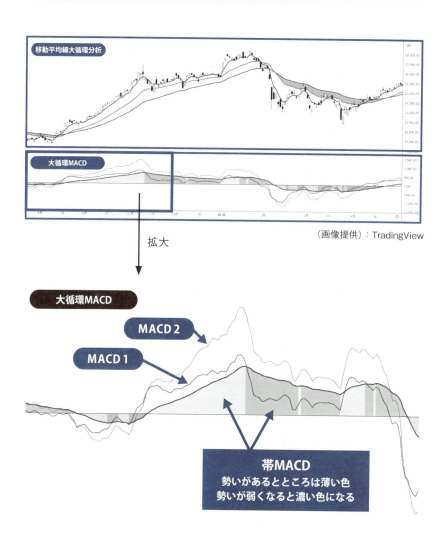

（画像提供）：TradingView

◆図7　大循環MACDは３本のMACDでできている

3本のMACDからできている

- MACD1 … 短期線と中期線の間隔
- MACD2 … 短期線と長期線の間隔
- MACD3 … 中期線と長期線の間隔

◆図8　大循環MACDの計算式

計算式はシンプル

- MACD1 … 5日EMA － 20日EMA
- MACD2 … 5日EMA － 40日EMA
- MACD3 … 20日EMA － 40日EMA

◆図9　移動平均線大循環分析の先読みが可能

移動平均線大循環分析のステージの先読みができる

- MACD1 … 第1ステージから第2ステージを先読み（第4ステージから第5ステージ）
- MACD2 … 第2ステージから第3ステージを先読み（第5ステージから第6ステージ）
- MACD3 … 第3ステージから第4ステージを先読み（第6ステージから第1ステージ）

※括弧内は売り時のステージの話

4）3×3分割投資法の仕掛けと手仕舞い

　具体的に3分割仕掛け、手仕舞いのポイントを説明します。はじめは、トレンド転換時に仕掛ける買いの場合です（図10）。次に売りの場合の3分割仕掛けのポイントです（図11）。

◆図10　3分割仕掛け（買い）

1回目の仕掛け（試し玉）

・第5ステージ、3本のMACDが右肩上がり、1/3

2回目の仕掛け（早仕掛け）

・第6ステージ、3本のMACDが右肩上がり、1/3

3回目の仕掛け（本仕掛け）

・第1ステージ、3本の移動平均線が右肩上がり、1/3

◆図11　3分割仕掛け（売り）

1回目の仕掛け（試し玉）

・第2ステージ、3本のMACDが右肩下がり、1/3

2回目の仕掛け（早仕掛け）

・第3ステージ、3本のMACDが右肩下がり、1/3

3回目の仕掛け（本仕掛け）

・第4ステージ、3本の移動平均線が右肩下がり、1/3

具体的にチャートで見てみましょう［下記の図12-1＆次ページの拡大図（12-2）参照］。

1回目の仕掛け（試し玉）は「第5ステージ時に3本のMACDが右肩上がりになるタイミング」です（買い仕掛けの①のポイント）。2回目の仕掛け（早仕掛け）は第6ステージ時にMACDが右肩上がりのタイミング（買い仕掛けの②のポイント）」です。3回目の仕掛け（本仕掛け）は「第1ステージ時に3本の移動平均線が右肩上がりとなったタイミング（買い仕掛けの③のポイント）」です。

反対に、売りの3分割仕掛けのポイントは、1回目の仕掛け（試し玉）は「第2ステージ時に3本のMACDが右肩下がりになるタイミング（売り仕掛けの①のポイント）」です。2回目の仕掛け（早仕掛け）は「第3ステージ時に3本のMACDが右肩下がりになるタイミング（売り仕掛けの②のポイント）」で、3回目の仕掛け（本仕掛け）は「第4ステージ時に3本の移動平均線が右肩下がりのタイミング（売り仕掛けの③のポイント）」です。

◆図12-1

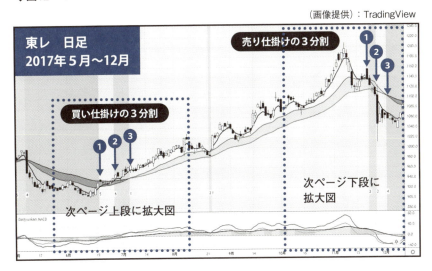

（画像提供）：TradingView

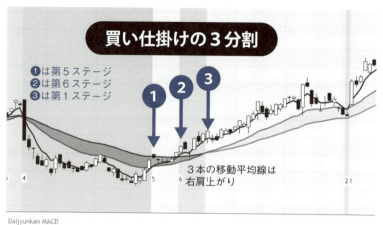

◆図12-2

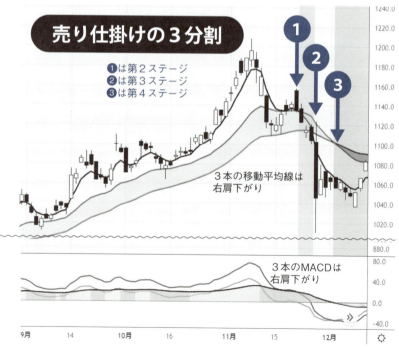

続いて、手仕舞いのポイントです。買いの３分割手仕舞いは図13の通りとなります。売りの３分割手仕舞いは図14の通りです。

◆図13　３分割手仕舞い（買いの手仕舞い）

１回目の手仕舞い（早手仕舞い）

・帯MACDの天井打ち(色が変わるところ)、1/3

２回目の手仕舞い（本手仕舞い）

・第２ステージに突入、1/3

３回目の手仕舞い（最終手仕舞い）

・第３ステージ、1/3

◆図14　３分割手仕舞い（売りの手仕舞い）

１回目の手仕舞い（早手仕舞い）

・帯MACDの底打ち(色が変わるところ)、1/3

２回目の手仕舞い（本手仕舞い）

・第５ステージに突入、1/3

３回目の手仕舞い（最終手仕舞い）

・第６ステージ、1/3

図15を見てみましょう。買いで仕掛けた後の手仕舞いポイントで
す。1回目の手仕舞いポイント（早手仕舞い）は帯MACDが天井を
打ち、色が暗くなるタイミングです（図15の①）。2回目（本手仕舞
い）は第2ステージに突入したタイミング（図15の②）、3回目（最
終手仕舞い）は第3ステージに突入したタイミング（図15の③）です。

◆図15

（画像提供）：TradingView

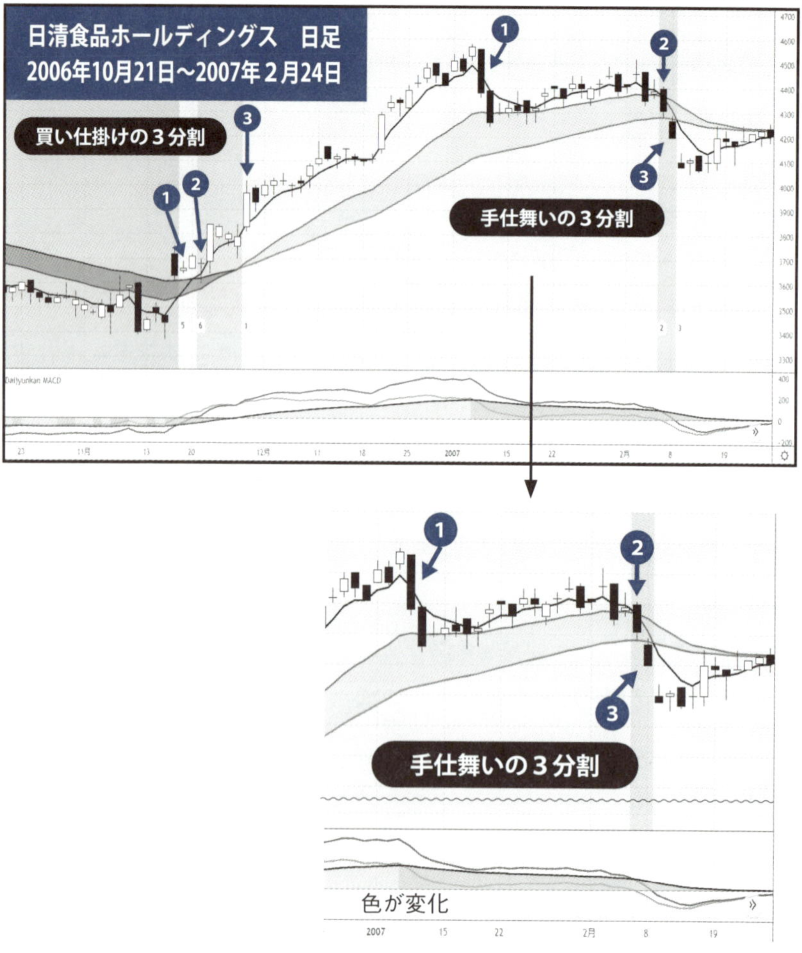

この帯MACDの色が変わるまでは決済を避けるべきでしょう。なぜなら、相場の勢いが一番あるところだからです。その後、上昇相場も下降相場も、帯MACDの色が暗くなったときには手仕舞いを考え始めます。しかし、必ずしもそこでトレンド転換するわけではなく、まだトレンドが継続するケースもありますので、あくまでも手仕舞いを考え始めるということになります。

そして、デメリットで紹介したように、ここが最も忙しくなってしまうところなのです。早手仕舞いの直後に高値を更新したのでまた仕掛け直す、帯MACDの色が変わったのでまた早手仕舞い、また高値更新で仕掛け直す……。こうしたアクションを回避したいなら、帯MACDの色が変わってから2本目のローソク足が出たタイミングで手仕舞うような修正をお勧めします。ただし、今日から3×3分割投資法の勉強を始めるなら、まずは基本形を身につけましょう。

3分割仕掛け、3分割手仕舞いのポイントは単純明快です。しかし、それぞれを複合すると、もういくつか覚えておくべき要素が生まれます。

それは、手仕舞いののちにトレンドが継続したときの**「どのタイミングで再度仕掛け直すか」**です。つまり、「押し目買い、あるいは戻し売りでの仕掛けポイントはどこなのか？」という話になります。「押し目の後の復活」では次ページのパターンがあります（次ページの図16）。

帯MACDの色が暗くなり始めたので早手仕舞いをしたところ、押し目をつけて再上昇を始めたときには「押し目後の復活①」のパターンで仕掛けます。この場合、再仕掛けのポイントは高値更新をしたタイミングとなります。

次は「押し目後の復活②」の場合です。これは、第2ステージまで

押し目後の復活①

第1ステージでの押し目（早手仕舞いの後）

- 新高値更新で1／3買い

押し目後の復活②

第2ステージまでの押し目（本手仕舞いの後）

- S1、3本の移動平均線右肩上がりで1／3買い
- 新高値更新で1／3買い

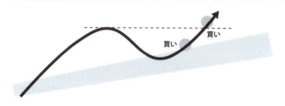

図16 押し目後の再仕掛け

押し目後の復活③

第3ステージまでの押し目（最終手仕舞いの後）

- S2、3本のMACD右肩上がりで1／3買い
- S1、3本の移動平均線右肩上がりで1／3買い
- 新高値更新で1／3買い

下げる押し目、つまり本手仕舞いの後に仕掛けるものです。ここでは、帯 MACD の色が変わったときに 1 ／ 3 を早手仕舞い、第 2 ステージに突入したときにもう 1 ／ 3 を本手仕舞いしているので、残っているポジションは 1 ／ 3 になっているはずです。それから上昇を始めたとしたら、第 1 ステージへの再突入時に 1 ／ 3 を仕掛け、そのあとさらに高値更新をしたら、そのタイミングでさらにもう 1 ／ 3 を仕掛けることができます。

　「押し目後の復活③」のパターンは、最終手仕舞いの後に仕掛けるものです。もちろん、手持ちのポジションはありません。押し目においてはトレンド転換時の 3 分割仕掛けとは異なり、第 2 ステージ再突入のときに 1 ／ 3、そのあと第 1 ステージに再突入したときにもう 1 ／ 3、そして高値更新したときにもう 1 ／ 3 を仕掛けます。
　なお、戻り売りの場合はこの逆です。

第2節
中級編

　どのようなトレードテクニックも実戦での活用方法はトレーダー次第ですが、基本形がきちんと身についていれば、精度は次第に確度を増していきます。

　移動平均線大循環分析の基本のひとつは、「第１ステージで３本の移動平均線が右肩上がりのときは買い。ステージが継続している間はポジションを維持」です。この基本は不変ですが、相場にはダマシがあります。そして、ダマシを回避するには、より精度を上げる必要があります。

　その目的のために、「トレンド転換の仕掛け」「トレンド継続の仕掛け」「もみ合い放れの仕掛け」や、「３×３分割投資法」が生み出されたのです。

　ただし、精度と同時に難易度も上昇しますから、当然、覚えることが増えてきます。

　投資経験が浅い場合、それらをすべて理解しなければトレードで勝てないと誤解しがちですが、そんなことはありません。トレード上級者は、何もかもを理解しているのではなく、基本を理解したうえで最終的に得意なものを身につけています。そのことを念頭に置いて読み進めてください。

　それでは、中級者向けの話をします。具体的には「もみ合い放れの

仕掛け」と、３×３分割投資法をより深く理解するための「推進波や訂正波」について紹介します。

1）もみ合い放れの仕掛け

　中級者向けの基本的な仕掛けのポイントとして、**もみ合い放れの仕掛けポイント**を考えていきます。これも３分割で仕掛けることができます。「買い」を例に説明します（図17）。

◆図17

もみ合い放れの仕掛け３分割
・第１ステージ、3本の移動平均線が右肩上がり ・第１ステージ、3本の移動平均線が右肩上がり、もみ合い放れ ・第１ステージ、もみ合い放れ後、帯を試しに行って再上昇

　トレンド転換時の３分割仕掛けより、タイミングは少し遅くなります。もみ合い相場では利益を上げにくいものです。このため、もみ合いの終わりの見極めが重要になります。

　ただし、その見極めはトレンドの転換を察知するよりも困難です。なぜなら、もみ合いを放れるかどうかは、実際に放れるまでわからないからです。したがって、もみ合いを放れるまで待つために仕掛けが遅くなるのは当然のことなのです。

　「仕掛けが遅くなる」という点は、その言葉だけを取り上げるとデメリットに聞こえるかもしれませんが、実はそんなことはありません。トレードで大切な「（チャンスを）待つ」という技術が磨かれるからです。

　このように、仕掛けが遅くなることを踏まえたうえで、もみ合い放れを「待つ」ことは、最終的に手法の精度の向上にもつながっていきます。

◆図18

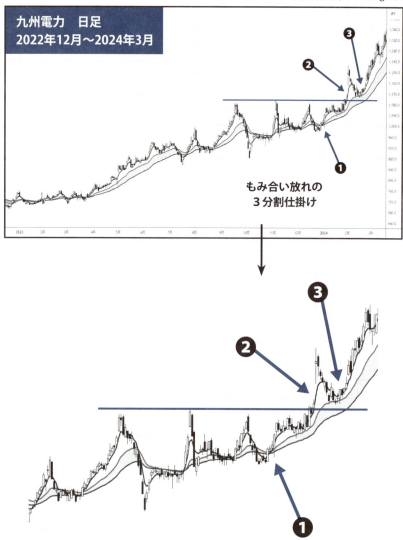

もみ合い放れの
3分割仕掛け

もみ合い放れの瞬間は、前ページの図18のように、水平線を引くことで判断できます。とはいえ、もみ合い放れの定義はインジケーターによって異なります。ですから、まずは移動平均線大循環分析での基本を身につけましょう。

1回目の仕掛けは、第1ステージになって3本の移動平均線が右肩上がりになったタイミングです（図18の❶）。この時点では、まだもみ合い相場が続く可能性もありますから、かなり早い仕掛けです。

2回目の仕掛けは、もみ合い離れのタイミングです（図18の❷）。水平線を超え、直近の高値も更新しました。

3回目の仕掛けは、押し目です。利確などの一時的な下落で帯を試しにいって、再度上昇するタイミングです（図18の❸）。

2）3×3分割投資法をより深く理解する　〜推進波や訂正波〜

ここで、3分割仕掛け、3分割手仕舞いのテクニックを理解するために、推進波、訂正波という言葉を覚えましょう。移動平均線大循環分析の帯から放れる動きを推進波、帯に接近する動きを訂正波と呼びます（図19）。

◆図19　推進波と訂正波

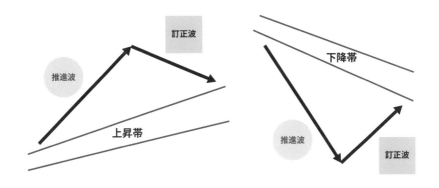

ここまでの3分割手仕舞いのテクニックは、例えば上昇相場を例にすると、3段上げる相場のうちの1段目や2段目など、大きな上昇トレンドの中にある"小さな訂正波の後の推進波"で大きなトレンド継続を狙った追加玉も視野に入れています（図20）。
　しかし、3段目の上げの後の訂正波は、場合によってはトレンド転換につながる大きな下降になりやすいため、そのタイミングでトレンド転換の売りを狙って仕掛けるのもひとつの手です。

◆図20

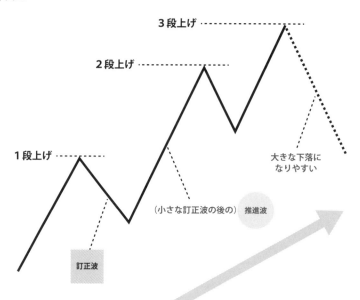

ただし、そういう３段上げの後の訂正波は下降する勢いも強くなり
やすい反面、例えば200日EMA（※安定的に上昇しているときは買
い目線、安定的に下降しているときは売り目線）で反発するようなと
きには、押し目買いを誘発することで大局のトレンド継続の動きとな
って、結果、買いの勢いが強くなることもあります。そのため、悠長
に構えていると大損害を被ることもあり得ます。

　以下の図21の説明はの３段目の上げが終焉し、大きな訂正波を狙
った後の手仕舞いポイントだと思ってください（なお、売りの場合は、
今までの話の反対です）。

◆図21　訂正波の３分割手仕舞い（中級編）

MACD３の変化

・帯MACDの色が変わったら１/３手仕舞い

200日移動平均線

・そこで反転したら１/３手仕舞い

ステージの変化

・ステージが変化したら１/３手仕舞い

図22のチャートを見てください。ここからは、推進波の中での手仕舞いよりも早く手仕舞うことで損失を抑えられることがわかります。

　私が主催している『実践トレードラボ』で『3×3分割投資法』をテーマにしたとき、「200日EMA（移動平均線）が安定した上昇を継続して見せている場合、目線は買いなので、訂正波は仕掛けなくてもよいのでは」という質問を受けました。

　200日EMAが右肩上がりで安定上昇しているときは、買いの決済や売りを仕掛ける必要はありません。勝率を上げるうえでは正しい考え方です。

　しかし、マーケットと向き合うと、細かく売り買いしたいトレーダーも、訂正波をしっかり獲りたいトレーダーもいます。つまり、より良い選択は、人によってそれぞれ違ってくるのです。

　加えて、訂正波が勢いを増して、その後、推進波になるという大トレンド転換が起こることもありますから、「200日移動平均線が右肩上がりで安定上昇しているときは売らないこと」に固執していると、チャンスを逃すことにもなりかねません。

◆図22

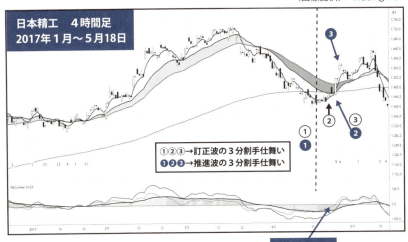

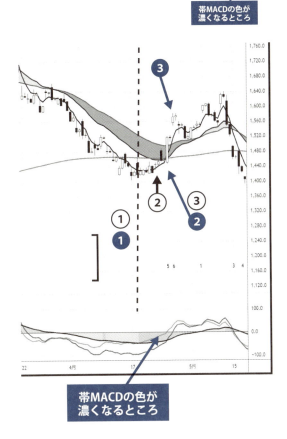

297

第3節
上級編＆応用編

1）上級編について

　「初級編」では、リスクを分散しながら仕掛けていくと同時に、手仕舞いも分割で進めていくための基礎的なやり方を紹介しました。加えて、分割投資ならば、「1段目の上げ」にも積極的にチャレンジできるという話も紹介しました。

　「中級編」では、一般的に難しいとされる「もみ合い放れ」の3×3分割投資について、紹介しました。さらに、中級者向けの情報として、200日EMA（移動平均線）を加味した「推進波や訂正波」との向き合い方について紹介しました。

　上級編では、これまで学んだ知識を参考に、状況に応じて手仕舞いのタイミングを変えることについて紹介します。これは、トレードの精度を上げるうえで、とても重要な話です。

　「初級編」「中級編」でも、各波動（「1段目」「2段目」「3段目」）に応じた基本的な手仕舞いのタイミングを説明しました。実は、その波動の中にも、それぞれ、さらに細分化された手仕舞いのタイミングがあるのです。そこまで理解して実践できれば、上級者です。上級者用の手仕舞いについては図23～図25にまとめておきました。参考にしてください。

298

◆図23　推進波の３分割手仕舞い（上級編）　１段目

①１段目

早手仕舞い

・帯MACDの色が２本連続で変わったら１/３手仕舞い

本手仕舞い

・第３ステージで１/３手仕舞い

最終手仕舞い

・第４ステージで１/３手仕舞い

（画像提供）：TradingView

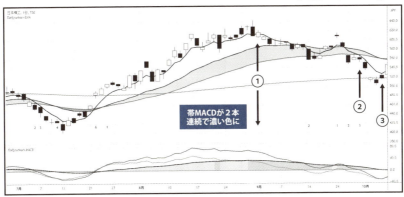

①：早手仕舞い
②：本手仕舞い
③：最終手仕舞い

◆図24　推進波の３分割手仕舞い（上級編）　２段目

②２段目

早手仕舞い
- 帯MACDの色が２本連続で変わったら１/３手仕舞い

本手仕舞い
- 第２ステージで１/３手仕舞い

最終手仕舞い
- 第３ステージで１/３手仕舞い

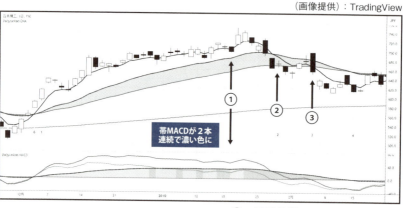

①：早手仕舞い
②：本手仕舞い
③：最終手仕舞い

◆図25　推進波の３分割手仕舞い（上級編）　３段目

③３段目

早手仕舞い
・帯MACDの色が２本連続で変わったら１/３手仕舞い

本手仕舞い
・帯MACDの色が４本連続で変わったら１/３手仕舞い

最終手仕舞い
・第２ステージで１/３手仕舞い

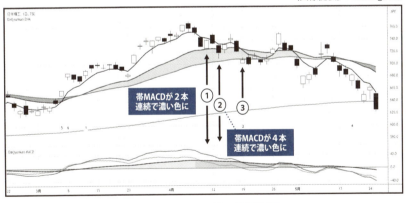

（画像提供）：TradingView

①；早手仕舞い
②：本手仕舞い
③：最終手仕舞い

301

2）応用編について

200日EMAが右肩上がりの状態で、訂正波を獲り逃したとしても、その後の再上昇を獲りにいけるケースもあります。じっくり考えるタイプのトレーダーにとっては、ぜひ獲りたいところです。

その場合も、仕掛けるタイミングは変わってきます。買いの場合、短期EMAが200日EMAを再び超えるときが基本的な仕掛けのタイミングです。これを3分割にすると図26になります。

その中でも、押し目として、ステージ4まで進んでから反発するケースと、ステージ3で反発するケースがあります。図27にそれをまとめました。

手仕舞いのタイミングは、図23〜図25のように忠実に守るべきことです。加えて、仕掛けのタイミングもしっかり狙うとなると、仕掛け、手仕舞い、売り、買いという具合に、非常に忙しいトレードになってしまいます。

しかし、基本がきちんと身につけば、上級編も応用編も自然と理解できるはずです。

本章の冒頭でお話しした通り、この「3×3分割投資法」は移動平均線大循環分析から生まれたものですが、仕掛けも手仕舞いも3つに分けるという考え方は、ほかの手法にも適用できるものです。読者の皆さんも、自分のトレードに取り入れてみると、また違ったものが見えるかもしれません。

本章の説明をすべて覚えるには時間と経験が必要です。まずは自分が得意とする基本のトレードテクニックを身につけることから始めましょう。そのうえで、それぞれのケースを自分で考えながらチャート上で探してみて、「これは役に立つ！　ぜひ身につけたい！」と思えれば、トレードルールに組み込むもよし、基本通り忠実にやるもよしです。

◆図26　200②tEMAが再上昇した後の３分割仕掛け（買い）

1回目の仕掛け（試し玉）

・第５ステージ、３本のMACDが右肩上がり、1/3

2回目の仕掛け（早仕掛け）

・第６ステージ、３本のMACDが右肩上がり、1/3

3回目の仕掛け（本仕掛け）

・第１ステージ、３本の移動平均線が右肩上がり、1/3

◆図27　200日EMAが安定上昇しているときの押し目での仕掛け

安定上昇局面での押し目で200日移動平均線が反発したときは
トレンド継続でもトレンド転換と同じルールを採用する。

① ステージ4まで進んだケース

・S5、3本のMACD右肩上がりで1/3仕掛け（S4まで行った後）

・S6、3本のMACD右肩上がりで1/3仕掛け

・S1、3本の移動平均線右肩上がりで1/3仕掛け

② ステージ3でストップしたケース

・S3、押し目を経て上昇してきたら1/3仕掛け（S3でストップした後）

・S2、3本のMACD右肩上がりで1/3仕掛け

第12章

一目均衡表　上級編

第1節
一目均衡表の概要

　一目均衡表は一目山人と称された細田悟一氏が考案したインジケーターです。

　一目山人は『相場の現在性を知る』ことが大切だと考えました。売り方と買い方の力関係、つまり売りの勢力と買いの勢力がそれぞれどれほど強いか――。基本的には五分五分ですが、徐々に売り方が優勢になったり、買い方が優勢になったりなど、その変化する状態を「相場の現在性」と言います。これらを分析するのが一目均衡表です。

　相場には、買い方と売り方の均衡が破れたときに優勢なほうへと動く性質と、一度動き出したら大きく動きやすい性質があります。

　均衡とはもみ合い相場のことで、買い方と売り方の一進一退の攻防が続くことです。もみ合い相場が長く続けば続くほど、どちらかに放れたときに相場は大きく動き出すのです。

　次に時間論があります。

　一目山人は『時間こそが相場そのものである。相場の主体は時間にあり、価格は結果として従ってくる』と説いています。私たちはどうしても価格に注目してしまいますが、実際は時間の経過があって価格が決まっていくことを理解しなければなりません。時間が経過することで価値が変わり、価値が変わることによって本来の値動きが生まれるのです。

1）単純なものにこそ真理がある

「動くか動かないか」「上がるか下がるか」。相場はシンプルです。複雑に捉えてはいけません。

次の言葉は、私の好きな仏教用語です

「任運自在（にんぬんじざい）」

運に任せるということではありません。運びに任せる、つまり「流れに任せて自由自在にいきましょう」という意味です。上げ相場があれば、上げ相場の流れに乗ることが重要だと説いています。

「常に建玉なきがごとく」

これも私が好きな言葉です。ここで言う建玉とは注文のことです。買い注文と売り注文のことを言います。

建玉なきがごとくとは、売ったり買ったりしていない、何も持っていない状態のように、客観的に相場の流れを見れば正しい選択ができるという意味です。ところが、多くの人は、買った瞬間に上がるのではないか、売った瞬間に下がるのではないか、そういった邪な気持ちを持ってしまうため、目が曇ってしまいます。その曇りをなくすためにも、客観的に相場を見ることが必要なのです。

2）相場は予想するものではなく予測するものである

「予想と予測、何が違うのか」と思うことでしょう。しかし、そこには圧倒的な違いがあります。

予想は「予め想う」と書きます。つまり、「これからの相場はこう

307

なるだろう」と勝手に思い込んでしまうことを言います。

状況は刻一刻と変化します。今の状況、明日の状況、明後日の状況は全然違います。新たな材料もどんどん出てきます。偏った思い込みや考えを持ってしまうと、その材料や変化に気づきにくくなってしまうのです。私たちは常にアンテナを張り巡らせなければなりません。流れに沿って相場を見ていくことが重要になるからです。

では予測とは何でしょうか。この言葉は「予め測る」と書きます。つまり過去の典型的な動き、これから想定される動きを予め測っておく、作図しておくという意味です。

ここでいう予測とは、一目均衡表においての予測です。別のシチュエーションで使えば違う意味になります。思い込むのではなく、チャートのパターンをいくつも想定して作図し、変化に対応できるように準備しておくことが大切なのです。

3）一目均衡表の構図

一目均衡表では、「転換線（短期）」「基準線（中期）」「先行スパン２（長期）」がそれぞれの期間での目印になります。これが一目均衡表の構図です（図１）。

【一目均衡表の基本】
・転換線：過去９日間の最高値と最安値の半値
・基準線：過去 26 日間の最高値と最安値の半値
・先行スパン２：過去 52 日間の最高値と最安値の半値
　　　　　　　※それを 26 日将来に描画

◆図1　一目均衡表の構図と基本

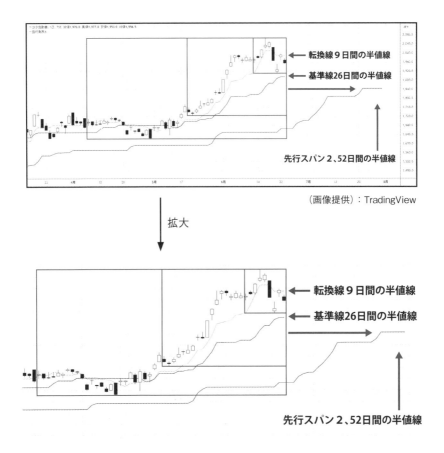

（画像提供）：TradingView

309

半値線の考え方は以下の通りです。

（半値線）
ある一定期間の最高値と最安値を足して２で割ったもの。
中値線や仲値線と呼ぶ。

（半値線の位置づけ）
ある一定期間の価格変動の中心。

（半値線が示すもの）
◎ある一定期間の相場水準
◎ある一定期間の売買勢力の均衡点
◎ある一定期間のトレンド

　半値線が横ばいになっているときは、高値も安値も変わらずに膠着^{こうちゃく}
状態であることを表します。

　もし半値線が上昇しているとしたら、中心が切り上がっているわけ
ですから上昇トレンド、逆に半値線が下降していたら、中心が切り下
がっているので、下降トレンドということがわかります。

　重要な高値、重要な安値というものがあります。これは、長い間更
新されていない高値と安値のことです。これらを更新したときには一
気に更新した方向への流れが生まれます。

　一目均衡表で重要な点は、各線がある期間の半値を示しているとこ
ろにあります。ところが、一目均衡表を使用しているトレーダーの大

半は、この半値に注目するどころか意識すらしていません。

　半値は、大きく相場が動いたときに重要な意味を持ちます。したがって、その重要な半値を意識してチャートのパターンを想定し、準備しておくことが大切です。

　例えば、長いもみ合いが続いた後に大きく下がった相場展開では、抵抗帯として、半値を意識しておきます。どこかで切り返して上昇したときにその半値線が抵抗帯として働き、再び下方向に流れていくのか。もしくは、半値線を超え上方向に流れていくのか。半値線に注目しておけば、そういう予測ができるわけです。

4）一目均衡表での「相場水準」とは「半値」を指す

　相場水準について説明します。一目均衡表以外でも『相場水準』という言葉は使用しますが、一目均衡表でいう相場水準とは以下の通りです（※区別しておきます）。

◎相場水準

　ある一定期間の値動きの中心を相場水準と呼ぶ。相場水準＝半値となる。

◎トレンドの認識に重要
・上昇トレンドとは、相場水準が切り上がっている状態
・下降トレンドとは、相場水準が切り下がっている状態
・もみ合い相場とは、相場水準が変わらない状態

◎一目均衡表が３つの半値線を持つ意味

　３段上げ相場が半値押しするとしたら、どういった構図になるでしょうか。次ページの図２に基づいて解説します。半値押しといっても、

この動きの中で3種類の半値押しが考えられます。わかりやすく言うと次のようになります。

① 長期はAからFの半値で、先行スパン2が示しています
② 中期はCからFの半値で、基準線が示しています
③ 短期はEからFの半値で、転換線が示しています

　このような構造で、短期・中期・長期、3つの捉え方で現在の相場の中心部分を描いているわけです（図2）。

◆図2

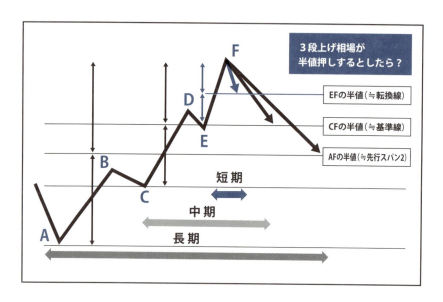

第2節
５つの線のポイント

１）一目均衡表の各線の役割

一日均衡表では、以下の５つの線に注目します。

◎転換線
◎基準線
◎先行スパン１
◎先行スパン２
◎遅行スパン

一目均衡表のそれぞれの線（遅行スパンは除く）は、トレンドがあるときは押し目（戻り目）の限界点を示し、もみ合い相場ではもみ合いの中心を示します。

例えば、安定した上昇相場では、押し目を迎えたときに各線が支持線として機能しやすくなります。

まず転換線が支持線（サポート）となって再び上昇した場合は、強い上昇相場であることを示します。

次に基準線が支持線（サポート）となって再び上昇した場合は、上昇相場の過程の押し目であることを示します。何も心配することはありません。

313

しかし、この基準線を下抜けた場合には手仕舞いを考える必要が出てきます。ただし、その下にも先行スパン１、先行スパン２があります。これらが支持帯となって再び上昇していく相場もあります。

　ここで重要なのは、**各線が支持帯となって機能しやすいのはトレンド相場の場合**ということです。**もみ合い相場ではこのパターンはまったく通用しない**ので注意が必要です。

　もみ合い相場で一目均衡表の各線が示すのは、もみ合い相場の中心です。

　ただし、一目均衡表では、先に示した５つの線のうち、「転換線」「基準線」「遅行スパン」をそれぞれ単体で見ても、非常に有効な情報が得られます。

２）**転換線**について

　転換線の持つ意味は、以下の通りです。

◎転換線の意味

・転換線は短期の半値（＝相場水準）を表す

・転換線の勾配は短期のトレンドの方向を示す

・転換線の位置は短期勢力の均衡点を示す

・価格と転換線の関係で、短期（９日）の勢力が、売り方優勢か、買い方優勢かがわかる

・安定した上昇相場では、価格が転換線の上を転換線に沿って上昇する

・安定した下降相場では、価格が転換線の下を転換線に沿って下降する

・転換線から大きく放れて上昇している価格や、大きく放れて下降している価格は、その勢いが強いことを示す。緩やかな傾斜の場合は勢いが弱いことを示す

・転換線が横ばいになると、価格の調整（押し・戻し）が入りやすくなる

314

また、転換線の計算式は以下の通りです。

◎転換線：計算式
(本日を含めて過去9日間の最高値＋最安値)÷2

3）基準線について

　基準線の勾配で「現在、トレンドがあるのか、もみ合いなのか」を識別します。長い期間、基準線が横ばいの場合はもみ合い相場を意味します（多少の上下のズレは許容範囲とします）。上昇または下降が続いている場合はトレンド相場です。

◆図3　基準線のもみ合い相場とトレンド相場

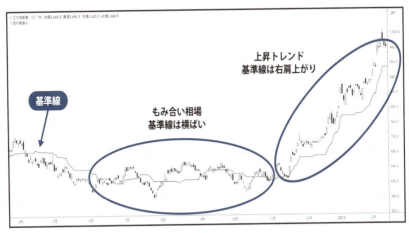

（画像提供）：TradingView

いろいろな線がある中で**最も頼りになるのがこの基準線**です。中期トレンドこそ、トレーダーにとって最も重要なものになるからです。

基準線は日足の場合は 26 日間、時間足の場合は 26 時間になります。それぐらいトレンドが継続してくれれば利益が獲れるからです。

転換線でいうと、日足なら 9 日間です。例えば、上げ相場があったとします。このとき、2〜3 日経って上げ相場だと感じて乗って 9 日経って押し目をつけた場合、ほとんど利益は獲れません。利益を獲るためには最低でも 26 日ぐらいの上げ相場がなければいけません。

もちろん 52 日、75 日と長ければ長いほどよいのです。仮に 100 日の上げ相場を獲るとしましょう。100 日間の上げ相場の中には下げ相場もそれなりにあります。大局では上昇していても、買ってからすぐに、しばらくの間、下がってしまう局面はいくらでもあります。

大局の相場を見ることはとても重要です。しかし、トレードとしてそこで利益を上げていこうと考えると、一時的な逆行もありますから、大局だけを意識していたら、かえってうまくいきません。このとき、**私たちにとって頼りになるのがこの基準線が指し示す、中期のトレンド**なのです。

どのような上昇相場でも押し目があり、どのような下降相場でも戻しがあります。押し目や戻しが出てきたところであたふたして、すぐに手仕舞ってしまうと勝ち組に入ることは難しくなります。ある程度の下げ（逆行）は我慢することが必要です。

しかし、我慢し過ぎると完全に下げトレンドになってしまうこともあります。したがって、**「どこまで我慢できて、どこから先は我慢すべきでないのか」を見極めることが重要**です。**その判断の目安となるのが基準線**なのです。

「基準線を押し目として反発して上がれば安定したトレンドが続く」、逆に「基準線を下回れば手仕舞いを考えなければならない」、

316

さらに「均衡表の逆転が起きたら手仕舞いはしておいたほうがよい」と判断できるわけです。

もみ合い相場時の中心も基準線が示してくれます。なお、**長期では先行スパン2が中心を示してくれますが、「最初にもみ合い相場だと示してくれるのは基準線だ」**ということは、心に留めておきましょう。

4）均衡表の好転と逆転について

一目均衡表で、どこが最大の仕掛けポイントになるのかは、多くのトレーダーが知りたいところでしょう。

基本的な買いサインは均衡表の好転で、売りサインは均衡表の逆転です。しかし、このサインが出たからといって無条件に売買してはいけません。いくつかのチェックポイントをクリアしたら仕掛けます。

なお、ダマシがありますから、そのサインが出たら、素早く手仕舞います。

【均衡表の好転で仕掛けるための条件】

①底値から数日以上を経過していること

②現時点で数日の上げを経ていること

③底入れ後の新高値を更新していること

④基準線が下げ止まっていること（あるいは横ばい）

　　※基準線を転換線が下から上へクロス

⑤窓を開けている上昇（あるいは大陽線）があればさらによい

317

「均衡表の好転で仕掛けるための条件」を全体図で表すと図4のようになります。

それでは、それぞれのチェックポイントとダマシ対策について、以降、詳しく説明します。

◆図4

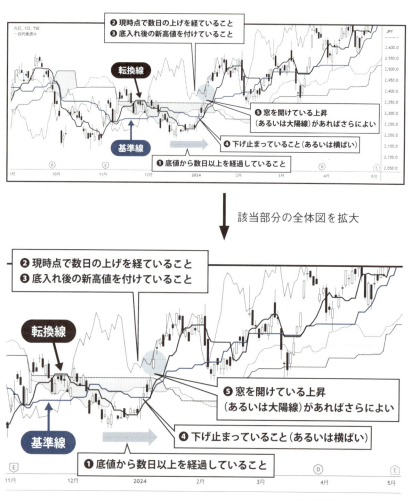

（画像提供）：TradingView

①底値から数日以上を経過していること

　数日以上経過していない場合（例えば昨日底値を付け、今日、転換線と基準線が入れ替わったなど）は、下げ相場が上げ相場に転じたのではなく、もみ合い相場の渦中にある可能性が極めて高いといえます。もみ合い相場では基準線、転換線がコロコロ変わります。均衡表の好転は起こるものの、正しい買いサインではないということを覚えておきましょう。

◆図5

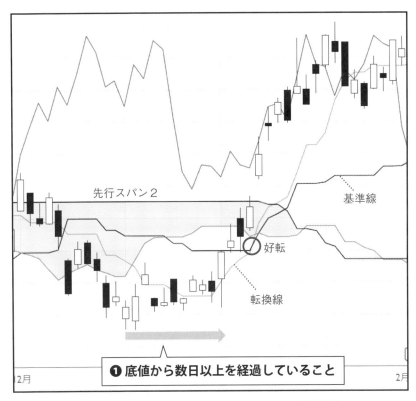

（画像提供）：TradingView

②現時点で数日の上げを経ていること

　上昇途中でも、後にもみ合い相場になること（若干の下げの後に時間の経過とともに転換線と基準線が位置を変えること）があります。今上昇している、しかも今日だけ上がっているのではなく、数日間上がっていることが重要です。

◆図6

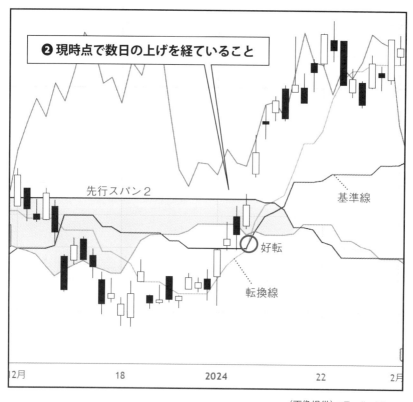

（画像提供）：TradingView

③底入れ後の新高値を付けていること

　底打ち後に上昇に転じ、均衡表の好転が起こったときの価格が底打ち後の新高値であることがポイントです。

◆図7

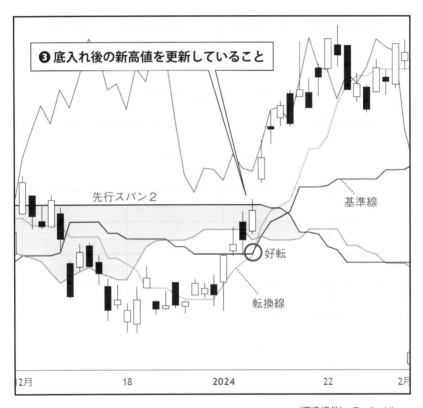

（画像提供）：TradingView

④下げ止まっていること（あるいは横ばい）

　基準線が下がっているときに、徐々に下降が緩やかになったり、下げ止まったりすることがあります。そのときに下に位置していた転換線が下から上にクロスするのが望ましい状態です。

　しかし、そうはならない場合もあります。それは、基準線も転換線も下がっているときに、転換線の下げが先に緩やかになり、基準線が上から下へクロスしてしまう場合です。そのような状態のときに仕掛けてはいけません。

◆図8

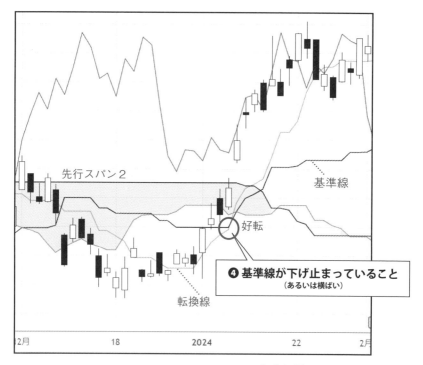

（画像提供）：TradingView

322

⑤窓を空けている上昇（あるいは大陽線）があればさらによい

　「基準線を転換線が下から上へクロスして上向く」とは、短期の勢力も中期の勢力も買いが優勢になることを示しています。長期の勢力的にはまだまだですが、短期も中期も買いが優勢になると、相場のムードとしては上昇気配が出てきます。そういうときには窓を空けて上昇する（為替の場合、窓を空けることが少ないため、大陽線という形で大きな勢いのある線が現れてくる）ような様子が見て取れます。今までの下降ムードを一転させる目印に注目しましょう。

◆図9

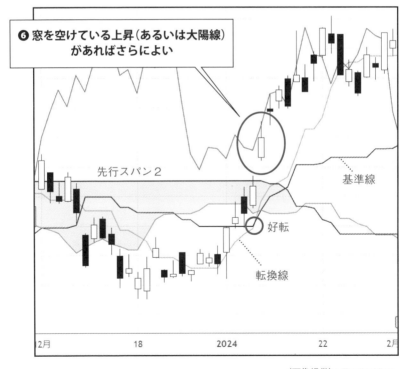

（画像提供）：TradingView

ただし、これら5つの条件がすべて揃わないと上昇しないかというと、そうではありません。しかし、ここで取り上げた条件を多く満たすほど、確実性が増していきます。

　好転後のダマシ対策についても紹介します。

【ダマシ対策（好転後）】
①遅行スパンの好転が数日以内に起こることを確認
②好転から数日以内に基準線が上昇し始め、下がらないことを確認
③好転後、価格（終値）が転換腺や基準線を下回らないことを確認

　以上が成立しない場合はすぐ手仕舞います。それぞれ解説していきます。

①遅行スパンの好転が数日以内に起こることを確認
　均衡表の好転が起こった後に、それが本当に正しい動きであれば、数日のうちに遅行スパンが好転（遅行スパンが価格を上抜けること）していきます。ところが、ダマシであれば、当然、遅行スパンがいつまでも好転しないということになります。

②好転から数日以内に基準線が上昇し始め、下がらないことを確認
　均衡表の好転が起きた後、いったん上昇し始めた基準線が下がることはありません。移動平均線であれば上がったり下がったりしますが、半値線が下がるのは新安値を付けたときだけです。
　ということは、底打ち後に上昇を始めた相場は下がりません。均衡表の好転後、1週間を経て基準線が下がり出した場合はダマシの可能性が高いということを覚えておきましょう。

③好転後、価格（終値）が基準線を下回らないことを確認

　均衡表の好転の発生は、基準線の上に転換線が来ることです。上昇相場であれば、価格が一番上になります。

　整理すると、一番上が価格、2番目が転換線、3番目に基準線の配列で上昇していくのが均衡表の正しい並び順です。ところが、均衡表の好転後に価格が転換線だけでなく基準線をも下に打ち破った場合はダマシになるので、手仕舞いが必要になります。

　逆転後は好転後のまったく逆になります。詳細は以下の通りです。

【逆転前の条件】

①天井から数日以上経過していること

②現在、数日の下げを経ていること

③天井打ち後の新安値を付けていること

④上げ止まっている（あるいは横ばい）

　※基準線を転換線が上から下へクロス

⑤窓を空けている下降（あるいは大陰線）があればさらによい

　以上を確認して仕掛けます。

【逆転後のダマシ対策】

①遅行スパンの逆転が数日以内にあることを確認

②逆転後、数日以内に基準線が下降し始め、上がらないことを確認

③逆転後、価格（終値）が基準線を上回らないことを確認

　以上が成立しない場合はすぐ手仕舞います。

　細かく説明してきましたが、好転後・逆転後には雲が待ち受けていることを頭に入れておく必要があります。その雲をうまくすり抜けら

れるか、それとも反発されるのかも注目すべきポイントになります。

5）遅行スパンについて

　遅行スパンは、一目均衡表の5本の線とは別物であることを理解しなければなりません。

　イメージとして飛行機に例えると、価格と遅行スパンは2機の編隊であり、すべて動きが連動しています。チャートという空を一緒に上がったり下がったりするのです。

　その空の中には、転換線、基準線、先行スパン1、先行スパン2が気流や雲として働き、それぞれが抵抗になっているのです。一度価格を折れ線グラフに変えてみると、2つの動きが連動していることがわかるはずです。

　価格と遅行スパンの関係だけでいうと、現在の価格と26日前の価格がこれから26日後にはどうなるのか、26日前はどうだったのかを見ているのです。

　遅行スパンが価格の上に位置しているときには、26日後には遅行スパンが上の価格まで上昇するとわかります。逆に、遅行スパンが価格の下に位置しているときには、26日後には遅行スパンが下の価格まで下がるとわかるのです。

6）まとめ：一目均衡表の基本的な買いサイン・売りサイン

◎買いサイン
・均衡表の好転：転換線が基準線を上抜ける
・遅行スパンの好転：遅行スパンが価格を上抜ける
・三役好転：価格が雲（抵抗帯）を上抜ける

◎売りサイン

・均衡表の逆転：転換線が基準線を下抜ける

・遅行スパンの逆転：遅行スパンが価格を下抜ける

・三役逆転：価格が雲（抵抗帯）を下抜ける

　これらのサインはトレンドがあるときに用います。

　先述したように、「トレンド相場か、もみ合い相場か」を判断するときには、基準線の勾配が大きな判断材料になります。

第3節
一目均衡表の基本数値

1）基本数値

　一目均衡表の基本数値は「9」「17」「26」とその組み合わせです。どのようにして、この数値が導き出されたのでしょうか。

　一目山人は、森羅万象がこの3つの数字に支配されていると言っています。長年にわたり世界中の数字に関する哲学書、自然科学の文献を見極めたうえで、自然の摂理を体現した数字としてこの3つを発見したと記しているのです。

　変化日の元となるのは底から天井、天井から底、天井と天井、底と底、もみ合いの始まりから終わりといったところです。これらが基本数値になりやすいのです。

2）その他の基本数値

　一目均衡表には、数多くの基本数値があります。まずは以下の数字を覚えておきましょう（下記以外にも基本数値はたくさんあります。

　　　　9、17、26、33、42、51、65、76、83、97、101……

　一目均衡表では、常にその日（当日）を含めて計算します。このた

め基本数値と基本数値を組み合わせる場合には「1」を引く必要があります。以下にその例を記載します。

$$17 = 9 + 9 - 1$$
$$33 = 17 + 17 - 1$$
$$42 = 17 + 26 - 1$$
$$51 = 26 + 26 - 1$$
$$65 = 17 + 17 + 17 + 17 - 3$$
$$76 = 26 + 26 + 26 - 2$$
$$83 = 17 + 17 + 26 + 26 - 3$$
$$97 = 17 + 17 + 17 + 17 + 17 + 17 - 5$$
$$101 = 26 + 26 + 26 + 26 - 3$$

一目均衡表ができたとき、例えば歳の数え方は「数え」といって生まれた瞬間に1歳で、翌年には2歳としていました。

ところが西洋では、生まれた瞬間は0歳、1年経ったら1歳と数えていました。今、私たちは西洋の算術法に則り、いろいろな勉強をしていますから、当日を入れるという考え方にどうしても馴染むことができません。これが一目均衡表の理解を難しくしています。

それならば、一目均衡表の基本数値も当日を入れずに計算したほうがよいのではないか（※基本数値を支柱の計算からパネルの計算に置き換える）ということで、以下に記載します。

①基本数値（図9＆図10）
◎9→8、◎17→16、◎26→25
※一目均衡表の数値計算の「当日を入れて」から「当日」を除いたもの。

329

◆図10　基本数値には当日も入れる　その1

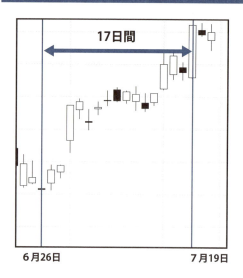

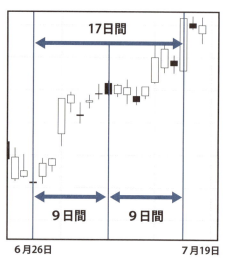

9日と9日を足すと18になるが、一目均衡表の数え方は当日も含むので17日を2分割すると9日と9日になる

◆図11　基本数値には当日も入れる　その２

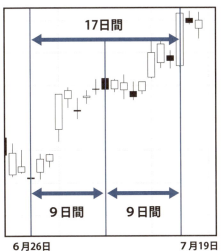

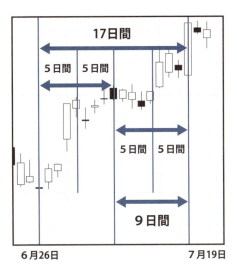

５日が４つあると20日になるが、一目均衡表の数え方は当日も含む。よって、17日を２分割すると９日と９日になり17日を４分割すると５日が４つとなる

②主な基本数値をパネル算で置き換える

◎ 33 → 32、◎ 42 → 41、◎ 51 → 50、◎ 65 → 64、◎ 76 → 75、
◎ 83 → 82、◎ 97 → 96、◎ 101 → 100

このように見ると、以下の3つの系統に分けることができます。

> ◎ 16 日周期：16、32、64、96……
> ◎ 25 日周期：25、50、75、100……
> ◎上記折衷の 41 日周期：41、82……
> ※ 41 と 82 は、16 ＋ 25、32 ＋ 50 というように、
> 　16 日周期と 25 日周期を組み合わせたものです

　この基本的な考え方は、世界中どこでも、周期を見る場合に共通しています。特殊な数値ではありません。

3）1年の値動きの中心は翌年の真ん中に印をつける

　一目均衡表は、実は週足でよく使われています。長期のトレンドを見るときには、日足よりも週足のほうが相性が良いからです。

　為替などのトレードで5分足や10分足を使っているトレーダーに週足の話をしても冗長さは否めません。しかし、5分足や10分足では、世界経済の変化などを如実に反映するトレンドにうまく乗ることはできません。

　「今、世の中がどういう状態なのか。その変化がどのくらい続くのか」。その様子を最もよく示しているものが週足です。

　週足では、1年は52週、半年は26週、2カ月は9週となります。

実はこれが一目均衡表でいう基本数値の「9」「26」「52」になります。

一目均衡表を勉強すると、まず不思議に感じるのが「9」「26」「51」の基本数値でしょう。これがパラメーターになると「9」「26」52」となり、「52」だけが1日分短くなります。その理由は、普通の変化日を求めるための基本数値は25日周期に基づいているからです。

今日生じた変化を25日後、50日後、75日後に注目しようというのが基本の考え方ですが、それとは別に、週足で1年間の価格変動を見ようとすると、1年間は52週、半年は26週、2カ月は9週となります。これにピッタリ合うように、パラメーターのほうは52日になっています。細かいようですが、このことも頭に入れておきましょう。

週足で見る先行スパン2では、過去1年間分の値動きの中心部分を半年後に描いています。ということは、現在の週足における先行スパン2が示しているのは、半年前の過去1年間の中心になるのです。

4）変化日を求める

基本数値と対等数値を元に変化しやすい日を求めます（対等数値とは、基本数値とは異なり、過去の変化日と変化日に要した期間が次の変化日の目安になるというもの。この期間を「日柄」とも言います。対等数値については、次ページの図12も参照）

変化日の特徴としては、3つのケースがあります。ひとつ目は、「変化日即変化」となる、「変化日で変化するケース」です。2つ目は「変化日即加速」となる、「変化日で加速するケース」です。3つ目は「変化日即延長」となる、「変化日が先に延びるケース」です。先ほど学んだ基本数値や周期などの変化しやすい重要な日をあらかじめ想定しておくことに意義があります。

なお、「変化しやすい時期というのは前後に幅を持つ」ということに注意してください。まさにこの日のみと決めつけてはいけません。

◆図12　対等数値について

対等数値について

- 天底の時間、天井から天井の時間、底から底の時間には、ある期間同じ数値が繰り返し出てきます。これを対等数値と呼びます。

- 以下のケースもその形成過程において、当然、基本数値の影響を受けることになるので、基本数値と対等数値は一致することが多い

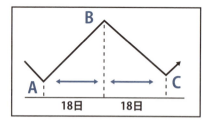 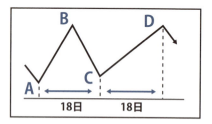

　変化日を求める場合には、時間が重要になります。価格は「時間」があってこそ変動します。ということは、チャート上における縦軸だけを分析するのではなく、横軸も併せて分析（日柄分析＝経過時間）することが重要になります。これを日柄分析といって経過時間で分析することになります。ほとんどのテクニカル分析が経過時間を考慮していません。そのことを考えると、経過時間を意識している一目均衡表には"ほかのテクニカル分析にはない優位性がある"と言えると思います。

　次ページに、時間の経過と相場状況の関係図（図13）とチャート（図14）を掲載しておきます。ご参照ください。

◆図13　時間の経過と相場状況の関係

時間の経過と相場状況の関係

基本数値	呼称	上げ相場	下げ相場
9	一節	最初の一波動(I) 小さなV	最初の一波動(I) 中間の戻り
17	二節	最初の一波動(V) 小さなN	最初の一波動(V/N) 中間の戻り
26	一期(三節)	主に上げ相場の一期(V/N) 準備構成の期間	最初の一波動(N)
33	一期一節	大きな流れの中で上がって下がって(下がって上がって)の節目となる日	
42	一期二節	中局の変化日	
65			
76	一巡		

◆図14　チャートに出てくる基本数値

(画像提供)：TradingView

第4節
相場水準から見た、
一目均衡表の捉え方

　ここからの説明は少々難しくなります。繰り返し読みながら、一目
均衡表を極めてください。

1）相場水準

　一目均衡表では、時間軸をずらし（遅行スパン・先行スパン）、計
算期間をずらして相場水準の変化を見ます。

【相場水準の法則】

①もし上昇トレンドであるなら、時間軸が新しいほど相場水準は上昇
　する

②もし上昇トレンドであるなら、計算期間が短いほど相場水準は上昇
　する

　①について説明します。例えば、転換線は過去9日間の中心値段を
示しています。上昇トレンドでは、時間軸が新しいほど相場水準は上
昇しますので、図15のBの転換線と図15のAの転換線を分けて比
較すると、現在に近いAの転換線ほど中心値段が高くなっているこ
とがわかります。

　②は少し難解です。計算期間とは、転換線や基準線、先行スパン2

◆図15

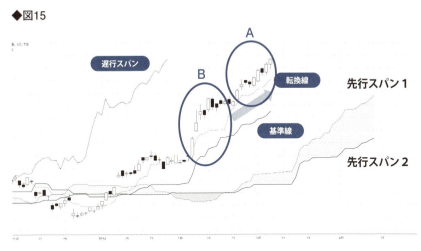

(画像提供)：TradingView

◆図16

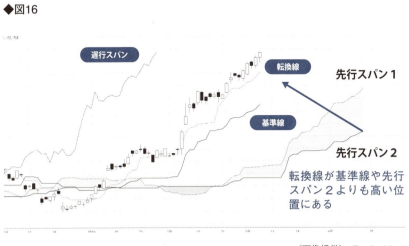

(画像提供)：TradingView

337

が表す、9日間、26日間、52日間の相場水準です。これらの示す相場水準（半値）が上昇トレンドであれば、期間が短いもの（ここでいう9日間）の相場水準が、期間が長いもの（ここでいう52日間）の相場水準よりも高い位置にあることがわかります（前ページの図16）。

　こうして求めた数字を並べ、「現在はどこの期間の相場水準と、どこの期間の相場水準が高いか（安いか）」を比較するのが一目均衡表なのです。

2）一目均衡表の1日には100日分のデータが入っている

　先述の通り、上昇トレンドであれば、期間が短いほど相場水準は高くなります。

　同じように、「26日前」「本日」「26日後」のタイミング（時期）で見ると、その間が上昇トレンドであるなら、「26日前＜本日＜26日後」の順番で相場水準が切り上がります。この期間の差と時期の差を比べて、わずかな情報の中から多くのものを探りとっていくのが一目均衡表なのです。

　価格と5つの線の並び順を見ただけで、前後100日間ほどの値動きがすぐに頭の中に浮かぶようになれば、一目均衡表の達人の域に達したといえます（図17）。

3）トレンド相場ともみ合い相場

①一目均衡表の各線は支持線であり、抵抗線である

　上昇トレンド時には、一目均衡表の各線は押し目の限界を示します（図18）。逆に、下降トレンドの場合は、戻し目の限界を示します。

　先行スパン1と先行スパン2の間が「雲」です。ここが最も強い抵抗帯です。

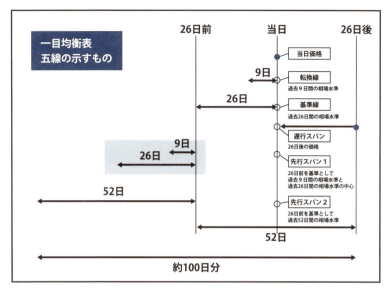

◆図17

当日価格：期間1日の相場水準　　転換線：過去9日間の相場水準
基準線：過去26日間の相場水準　　遅行スパン：26日後の価格
先行スパン1：26日前を基準として過去9日間と過去26日間の相場水準の中心
先行スパン2：26日前を基準として過去52日間の相場水準

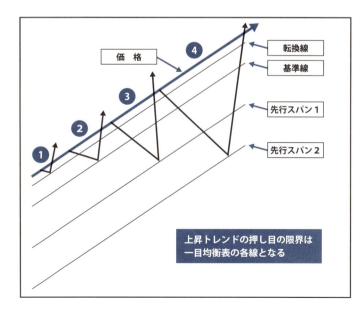

◆図18

②もみ合い相場の見つけ方

　最初に基準線の勾配を見ます。基準線が横ばい状態ならもみ合い相場です。

　基準線はもみ合い相場の中心を示してくれます。均衡表の各線はもみ合いが続くと横ばい状態になり、さらに長期化するとそれぞれの線の間隔が狭まり、1本の線あるいは帯のようになります。

　なお、先述した「均衡表の好転」「遅行スパンの好転」「三役好転」などはすべてトレンド相場時の見方となります。もみ合い相場のときにはダマシとなることを覚えておきましょう。

　もみ合い時には、もみ合い相場用の分析方法があります。

【もみ合い相場を利用した仕掛け方】
❶もみ合い時の仕掛け方
❷もみ合い放れの仕掛け方
❸もみ合いの中心の変化

　❶は、もみ合いの中心から上がった分だけ下がる、下がった分だけ上がるといったように、中心に戻ってくる動きのことです。もし、そのもみ合いの値幅がある程度大きな値幅で推移しているのであれば、もみ合いの上限（下限）から中心に戻る動きのところで仕掛けていきます（ただし、基本はもみ合い期間中はトレードを休みます）。

　特に重要なのは、❷の「もみ合い放れの仕掛け方」です。ある時期、相場は膠着状態になります。その膠着状態からもみ合い放れが起きるのを見極めることがポイントです。

　まず半値線について復習します。

　上昇トレンドの渦中にあって、仮に26日間の半値に着目すると、

340

日が進むにつれて半値は上昇していきます。

　ここで問題です。どこかで天井を付け、下げ始めて4日目のとき、半値線はどのような動きをするでしょうか。

　正解は「上げ続ける」です。

　なぜ上げ続けるのか。それは26日の間で見ると高値は変わりませんが、安値はより高くなっていくためです。

　半値線は、いずれはどこかで下げ出します。なぜなら、26日の間で安値を更新するからです。高値はまったく変わりませんから、26日間で新安値を付けると、半値線が下がっていきます。このことを理解したうえで、もみ合い相場の場合を見ていきます。

　もみ合い相場のときには、高値も安値もほぼ変わりません。このため半値線が横ばい状態になります。

　ここで、❸の「もみ合いの中心の変化」を意識するのです。もみ合いの中心である半値線が上がるか下がるかによってもみ合いの中心が変化し、もみ合い放れにつながっていくからです。

　普通の場合で、半値線が上がる条件は2つあります。

　高値が切り上がる、安値が切り上がる——の2つです。下がるときは、高値が切り下がる、安値が切り下がる状態が条件です。

　しかし、もみ合い相場では高値も安値も同じ状態ですから、新高値または新安値を付けたところに着目します。

　そのときには、半値線が上昇または下降しているはずです。チャート全体を見なくても、基準線を見るだけで新高値、新安値を付けたことがわかるのです。すなわち、基準線や先行スパン2が上げ始めたり、下げ始めたりしたら、もみ合い放れが起きたと気づくことができる、ということです。

③勢力段階と買い方・売り方の力関係

　買い方と売り方の勢力段階を簡単にまとめてみました。以下は、「売

341

り方の圧倒的に有利な状態（売り時代）からスタートし、どうなれば買い方が勝ちに転換するのか（買い時代になるのか）について、その過程を表しています。上から先行スパン2、先行スパン1、基準線、転換線、価格——の順番です。

Ⓐ価格が転換線を上抜ける
Ⓑ価格が基準線を上抜ける
Ⓒ均衡表の好転（転換線が基準線を上抜ける）
Ⓓ遅行スパンの好転［遅行スパンが価格（線）を上抜ける］
Ⓔ価格が雲に突入
Ⓕ雲のねじれ（先行スパン1が先行スパン2を上抜ける）
Ⓖ価格が雲を上抜ける（三役好転）
Ⓗ転換線が雲を上抜ける
Ⓘ基準線が雲を上抜ける
Ⓙ線の並びが買い方の完成形（上から価格、転換線、基準線、先行スパン1、先行スパン2）

　ひとつずつ説明していきます。

Ⓐ<u>価格が転換線を上抜ける</u>
　売り方から見れば大した影響はありません。

Ⓑ<u>価格が基準線を上抜ける</u>
　このあたりから、ようやく買い方に明るいムードが出てきます。

Ⓒ<u>均衡表の好転</u>
　今まで一方的にやられていた買い方が少し優勢になります。ただし、今まで長い間、売り方に負けていたため、この結果が出ても圧倒的な

342

勝利とはなりません。負けていた状態から50%を超えて買い方のほうが少し有利になったかもしれないというムードが出てくるのが均衡表の好転です。

Ⓓ遅行スパンの好転

買い方の勢いに弾みが生まれていきます。

Ⓔ雲が雲に突入

いよいよ最終決戦が始まるイメージです。

Ⓕ雲のねじれ

激しい攻防が繰り広げられます。

Ⓖ価格が雲を上抜ける

今まで負けていた買い方が勝ち組に変わります。

Ⓗ転換線が雲を上抜ける

買い方が利益を伸ばします。

Ⓘ基準線が雲を上抜ける

買い方がさらに利益を伸ばします。

Ⓙ線の並びが買い方の完成形

買い方の完全勝利です。

　上記の通り、上から価格、転換線、基準線、先行スパン1、先行スパン2の順番になると買いの完成形です。

　ここで重要なことは、買い方の完成形ができたからといって、「すぐに利益を確定しよう」と考えないことです。買い方が完全勝利した

343

後も、上げ相場が続く可能性は大いにあります。

④半値線が重要な半値を示す

　長期間更新されない高値は重要な高値であり、長期間更新されない安値も重要な安値です。この重要な高値と重要な安値の半値のことを「重要な半値」と言います。

　重要な半値は相場の節目となります。時には（目には見えない）抵抗線や支持線になることもあります。半値線付近でもみ合い相場になることもあります。一番多いのは三角持ち合いが形成されることです。

　このように、目に見えない抵抗線・支持線を示してくれるのが、半値線なのです。

第5節
一目均衡表基本図

　一目均衡表のチャートがどのようにできているのか復習しましょう。

　価格が安定して下がり、あるいは上がるとき、その他の線はどのような動きをするのかを確認します。

　価格が下がっているときは、上から先行スパン2、先行スパン1、基準線、転換線、価格——の順番になります。

　逆に、価格が上がっているときは、上から価格、転換線、基準線、先行スパン1、先行スパン2——の順番になります。

　基本的にはこれらの線はすべて平行に動いていきますが、実際の一目均衡表のチャートでは平行にはなっていません。

　その理由は、価格の動きが安定していないためです。本来は平行であるべき線が平行にならない理由までわかれば、一目均衡表の価格の形を見ただけで、現在の相場がどのような状況なのかを知ることができます。

1）一目均衡表の極意は三位一体にあり

　一目均衡表は、「波動」「時間」「価格（変動）」を合わせて分析していく手法です。

　一目均衡表には代表的な5つの線（基準線・転換線・遅行スパン・

345

先行スパン１・先行スパン２）があります。これらの線は、以下の３つの理論を細部まで理解するために使います。

①波動：波動は連続する３波動（Ｎ波動）からできている
②時間：波動の時間は基本数値・対等数値になりやすい
③価格変動：３波動目の基準となる値位置を予測したもの

２）一目均衡表の波動論

　上記の３つの理論の中で最も重要なのが『波動』です。

　波動は３波動（Ｎ波動）で構成されており、３波動が連続して何波動にもなります。大きな３波動の中に小さな３波動があり、その小さな３波動の中にはさらに小さな３波動があります（図19）。

　波動（１波動、２波動、３波動）の時間経過を研究したものが「基本数値」「対等数値」です。３波動ができたときには上昇のＮ、下降のＮができます。このうち、３波動目がどれくらいの値位置になるのかを研究して導き出したものが「価格変動（計算値）」です。

　一目均衡表の５つの線は、波動、時間、価格変動の３大理論を把握したうえで、現在、買い勢力と売り勢力がどのような力関係で変化しているのかを詳細に見ていくものです。

　一目均衡表は３大理論が理解できて初めて効果を得られるものであり、５つの線がすべてではありません。

３）一目均衡表の時間論

　価格は時間の経過に伴い変化します。予測と同じように、変化しやす

◆図19　3波動からトレンドがわかる

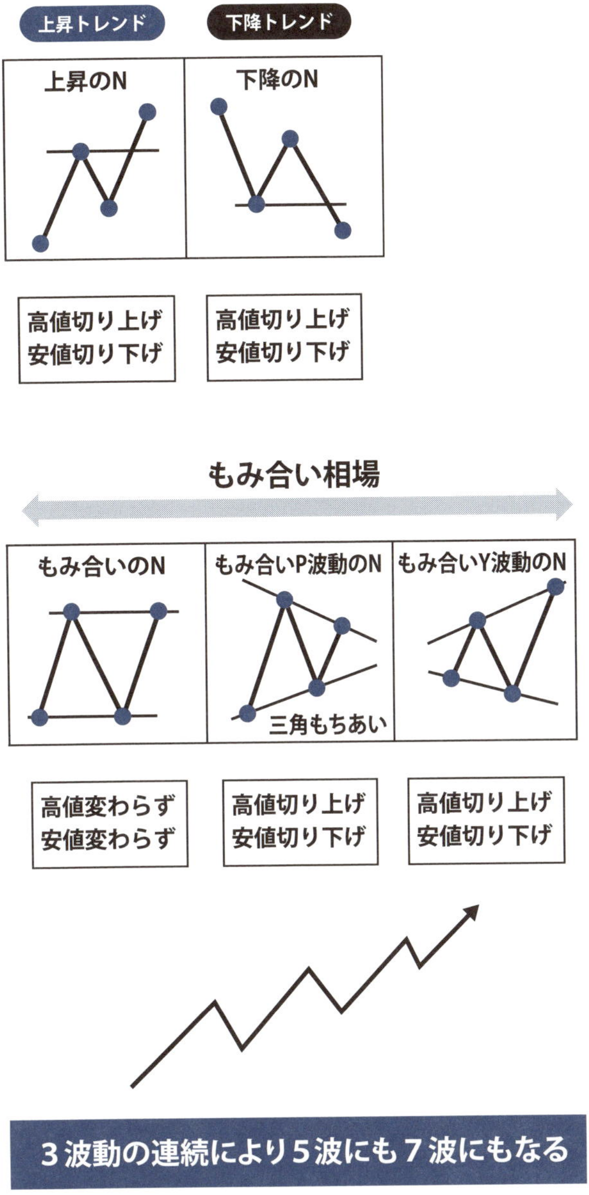

上昇トレンド	下降トレンド
上昇のN	下降のN

| 高値切り上げ
安値切り下げ | 高値切り上げ
安値切り下げ |

もみ合い相場

もみ合いのN	もみ合いP波動のN	もみ合いY波動のN
	三角もちあい	

| 高値変わらず
安値変わらず | 高値切り上げ
安値切り下げ | 高値切り上げ
安値切り下げ |

3波動の連続により5波にも7波にもなる

い基本の日時を設定し、その日時で変化するかしないかを分析します。

　9日、17日、26日などの変化日に必ず変化が生じるわけではありません。その近辺で変化しやすいという意味です。

　小さな相場であれば9日で変化する、中くらいの相場であれば26日で変化する、もう少し大きい相場であれば52日あたりで変化するといったことを頭に入れて、変化があるとき、変化がないときの相場を見極めることが重要です。

①時間に対する考え方　その①

　時間こそが相場そのものである――。

　相場の主体は時間にあり、価格は結果として従ってくるものです。

　モノの価値は簡単には変わりません。時間経過によって初めて変化します。

　例えば、夏には冷えたビールが飲みたくなりますし、冬には暖房のための灯油が必要になります。このように季節の周期によって需要が変化し、それによって価格も変化するのです。

　生鮮食品は、時間の経過とともに鮮度が落ちます。そのため、価値が下がります。住宅も、新築から年数が経過すれば価値が下がります。それとは逆にワインやウィスキーは時間を重ねるほど熟成することでおいしさが増していくため、価値が上がります。

　とはいえ、時折、時間の経過を伴わずに価格が変動することがあります。それは本来の値動きではないので、急騰したらその反動の戻しがすぐに来ます。

　急落した場合も同じです。最終的にモノの値段は売り手と買い手の力関係で決まります。ですから、仮にどこかの富豪やファンドが一気に買いを仕掛けたときには値段は急騰していきますが、実態が伴わないので、長続きせずにすぐに元に戻ります。時間の経過によって価格が変動した場合は、それは本物の変化ですから、簡単には変わりにく

いのです。

②時間に対する考え方　その②

　時間については、以下のことを意識するのも大切です。

◎株価・為替への影響

　モノの価値が変わることによって、品物の売れ行きが変わり、株価は変動します。世界各地のモノの価値が変われば、流通が変わり、それによって為替レートも変化します。

　例えば、ロシアでは、輸出産業の中心は石油です。石油価格が下がれば、通貨ルーブルの価値も下がります。また石油価格が下がれば、資源全体の価格も下がる傾向にありますから、資源国と言われる国の通貨、南アフリカ・ランドやカナダ・ドル、オーストラリア・ドル、ニュージーランド・ドルの価値も下がります。

　このように、株にしても為替にしても、時間経過に伴い状況が変化し、モノの価値が変われば価格が変わるのです。価格は時間で変化することを理解することが大切です。

◎期待は時間で変化する

　もうひとつ、価格変化の要因として「期待」があります。期待は、投資家の「期待」だけでなく、その反対の意となる「失望」も表しています。「この先、高くなっていくのではないか」という期待、「高くならないのではないのか」という失望——。この期待と失望は時間で移ろうのです。

　例えば、ある銘柄があります。良い材料が重なり、この先３カ月で20%上がるのではないかという見通しで買ったとします。以下で時間経過と上昇率を見てみましょう。

349

❶１週間で 20% の上昇→期待増加の継続

❷３カ月で 20% の上昇→目標達成の手仕舞い

❸５カ月で 10% の上昇→期待消滅（＝失望）の手仕舞い

以下、それぞれ解説します。

❶１週間で 20% の上昇

これから先、「50%、100% と上昇していくかもしれない」との期待感が高まります。ですから、ここで手仕舞いをするトレーダーは少ないでしょう。期待感が膨らみ、買いポジションを継続して持ち続けようという考えです。

❷３カ月で 20% の上昇

「（自分の）見通し（思惑）と同じだった」ということで、手仕舞いするトレーダーが大半です。目標達成による手仕舞いです。

❸５カ月で 10% の上昇

３カ月が経過しても 20% に届かず、４〜５カ月経過しても 10% しか上昇しなかったときは、20% 上昇するまで我慢するトレーダーは少ないでしょう。逆に、「この先、下落してしまうのではないか」という不安から手仕舞いが増えます。これは、期待消滅（＝失望）の手仕舞いです。

ある商品を購入し、それをいつの時点で利益確定するかは時間経過によって変化します。時間の経過に伴い期待感が高まるケースと薄れるケースがあり、それらの状況によって投資行動も変わっていきます。こういうことが一目均衡表の中には含まれているのです。

例えば、価格に変化がなく、横ばいのときに、いつの間にか雲に突

入していたり、雲の中にあった価格がいつの間にか雲を抜け出たりする様子がそれです。価格は変化していなくても、雲の中に入ったから上昇の期待が薄れた、雲を下抜けたから下降トレンドに入ったということが、文字通り、一目でわかります。

③時間に対する考え方　その③
　基本的に時間経過とともにモノの価値は緩やかに変わります。激変時と微変時に分けて解説します。

❶激変時
　相場が急に大きく動いたときは調整されて元の値動きに戻ります。
　ここでいう「急」とは、1カ月もしくは1週間以内に、急激に価格が変化した動きのことです。急騰、急落どちらに動いても調整され、元の値動きに戻るのが基本ですが、この元の値動きに戻ることについて詳しく解説していきます。

　まず理解してほしいことは「元の値動きに戻る」というのは、「元の価格に戻ることではない」というところです。
　下降トレンドの場合、元の値動きに対して急落したときは「売られ過ぎ」との判断から戻します。しかし、下降トレンドの渦中にあるということは、価格が下がっていくだけの背景があるということでもありますから、"元の価格"に戻ることはまずありません。"元の値動き"に戻すに過ぎません。
　上昇トレンドも同様です。ある時、価格が急騰すると逆Cカーブを描きます。この逆Cカーブを見つけたら行き過ぎていると感じる必要があります。通常時には起こらない動きだからです。
　そして、その後はその反動で下落します。ただし、そこで"元の価格"に戻ることはまずありません。あくまでも"元の値動き"に戻る

351

だけです。

　しかし、ごく稀にステージが変わることがあります。上昇トレンドの渦中で急騰した場合は反落せず、急騰した上値付近で新たな値動きが始まるのです。この状態を「ステージが変わった」と表現します。

❷微変時

　徐々に勢いをつけて、元の値動きに戻ります。また、勢いをなくしてトレンド転換する場合もあります。

4）一目均衡表の価格変動論

　価格変動は「トレンド」と「ノイズ」でできています。トレンドには、上昇、下降、もみ合いがあります。ただ一直線に動くのではなく、波打ち（ノイズ）ながら中心部を軸に動きを継続するのです。

　トレンドがわかれば、今の相場水準がどれほどかがわかります。そして、**ノイズ幅の大きさがわかれば、次にいつ、どの程度動くのかの予測がつきます。**

　これが一目均衡表の計算値になります。単なる上値予想や下値予想とは質が異なるのです。

　ただし、注意すべき点もあります。このときに求めた計算値はあくまでも予測価格であって、その価格で必ず転換するわけではないということです。あくまでも目標価格として設定し、その日柄、その価格に対して相場がいかに変化してきているのかをつかむことが大切です。

　時間論との関係でいうと、重要な日付に重要な価格が到達するときには大きな変化が起こりやすいのです。

①計算値の求め方

　波動を読み取り、第3波の形式が決まったときには、第3波がどこ

まで上昇するかを予測します。第3波の形式が決まる前に「もしこうなったら」と推測することもあります。

計算値には、「E計算値」「N計算値」「V計算値」「NT計算値」の4種類があります（図20）。

下落局面では、上下が逆になります。また、E計算値には「3倍値」「4倍値」もあります。まれに最大8倍値をとることもあります。

◆図20

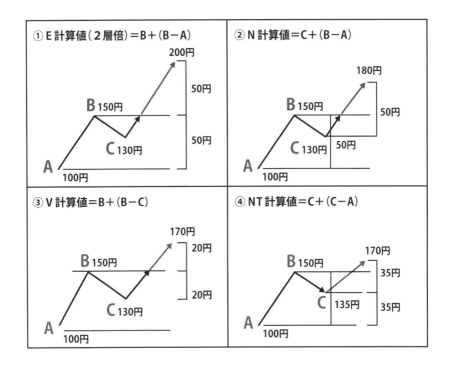

先に、一目均衡表は半値線でできていることを説明しました。この半値線は、ある期間の価格変動の中心を追い求めています。理由は、その中心がわかれば、これから先の動きも予測できるからです。まずは、図20でそれぞれの計算値を理解して、図21を見てみましょう。

◆図21

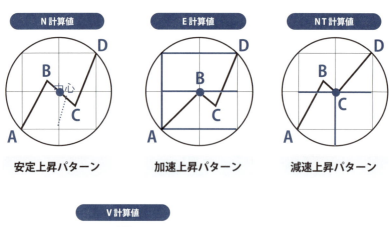

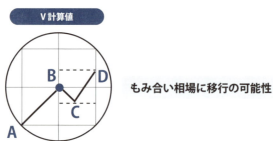

さらに、図20で見た4つの計算値に時間を交えて見てみましょう。先ほどまでは価格の変動だけを確認しましたが、時間的な経過を加味した価格変動を確認していきます（図22）。

計算値には「期限」があり、そこを過ぎると期限切れになります。「期限内に計算値を達成するかしないか」を前提に価格変動を予測します。

◆図22

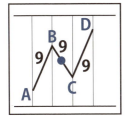
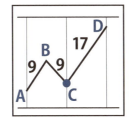
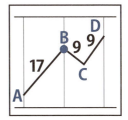

図22をまとめると、以下になります。

【CDを決める3波の長さ（期間）は3通り…あくまで基本パターン】
N計算値：AB＝CD（AB＝9本、CD＝9本）
E計算値：AB＋BC＝CD（A＋B＋C＝17本（9＋9－1）、CD＝17本）
NT計算値：AB＝BC＋CD（AB＝17本、BC＋CD＝9＋9－1＝17本）
※それぞれの数字は、ローソク足の本数のことです）

【上昇トレンドが加速、安定、減速とわかりやすい場合】
加速の場合…E計算値を適用
安定の場合…N計算値を適用
減速の場合…NT計算値を適用

例えば、E計算値を予測するとして、図21の真ん中の図のように1波目が9日かけて上昇し、2波目が9日かけて下落した場合には、17日かけてD地点まで上昇していきます。

しかし、17日かけても目標のD地点まで到達しなかったときには「未達成」となり、「その相場には、予測したほどの勢いがなかった」という話になります。

②予測による価格変動の分析の仕方

基本的に予測をするときには、初めにN波動を元に考えます。ここでは1波目の日数が重要な日付となります。図21のN計算値を基本例として、3波目の動きから、その後の値幅を予測するやり方を紹介します。

◎3波目（CD）が1波目（AB）と同じ期間（長さ）でN計算値に到達
　→重要な日付（この例の場合は9日）で、重要な価格（N計算値）に到達＝変化の可能性大（※近い基本数値も重要な日付となります）。
　→安定上昇パターン、押し目を迎えた後も継続の可能性大

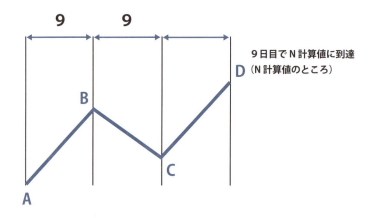

◎3波目（CD）が1波目（AB）の期間（長さ）よりも早くN計算値を超える
→ E計算値の可能性（価格上昇のパターン）が高い。日柄で考えると、ACの期間（AB + BCの期間）と同じ期間でE計算値に到達することを予測。

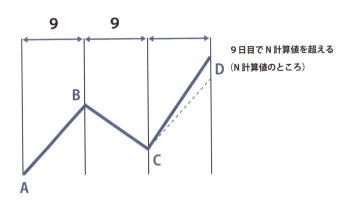

◎1波目と2波目の合計（AC）と同じ期間で3波目がE計算値に到達
→ 重要な日付で重要な価格に到達。近い基本数値も重要な日付となる。

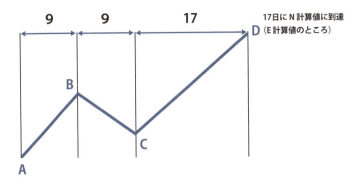

◎１波目と２波目の合計（AC）の期間（長さ）よりも早く３波目がＥ計算値に到達
　→大相場の可能性がある。３倍層、４倍層……も想定（３倍層から期限はない）。

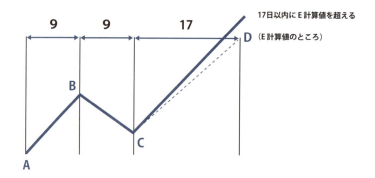

◎１波目と２波目の合計（AC）の期間（長さ）内に３波目がＥ計算値に未達成
　→上昇の息切れ。一度押し目を迎えやすい。

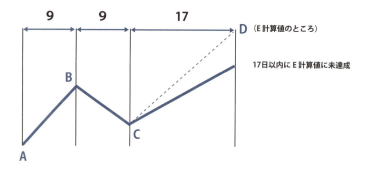

◎１波目（AB）と同じ期間（長さ）内に３波目がＮ計算値に未達成
→ ACの残期間は猶予期間

　基本のＮ計算値を例にします。１波目（AB）が９日かけて500円上昇した場合、３波目（CD）も９日かけて500円上昇しますが、このときの猶予には２波目（BC）の期間も含めます。つまり、３波目（CD）が９日かけているのに500円まで上昇しなかったとしたら、２波目（BC）の期間を猶予期間と捉えて、その後の３波目（CD）の動きを見ていくという話です。

　具体的にいうと、３波目（CD）で９日かけて500円上昇しないときは、あと９日の猶予があるということです。その猶予期間で、Ｎ計算値あるいはNT計算値を達成した場合も重要な日付けで重要な価格に到達したことになり、変化の可能性大と考えられます（※近い基本数値も同様）。

　そこまでにＮ計算値未達成の場合は期限切れです。上昇の勢いが減速したと考えます。この状況では、押し目を迎えやすくなり、また、場合によってはトレンド転換の懸念も出てきます。

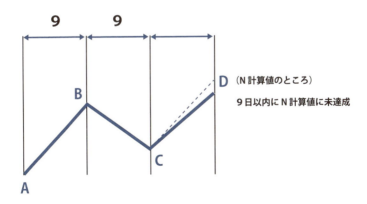

③期限に対する考え方

　上昇が緩やかではあるが安定している場合は、期限にこだわりすぎてはいけません。期限が来たのに目標値の達成の見込みがない場合は下げやすいということです。

5）まとめ

　ここまでの話をまとめます。

①波動

◎**大きな流れを掴む**
・週足・月足の活用
・Ｎ波動チャートを作成する
・基本数値で流れを掴む

◎**大局に付く**
・大局の大きな流れを予測し、それに基づいた売買をする
・大局のＮ波動を掴み、今後の動きを計算値から予測する

◎**Ｎ波動の加速・減速を掴む**

◎**加速**
・トレンドの初期：相場に勢いがつく。大相場につながる可能性あり
・トレンドの終盤：天井打ちをし、一転、暴落するパターン
　※短期に大きく下げ、その後に戻しがあるが、戻しを経た後、再度、
　　下落というパターンもある（下降トレンドの場合はその逆）

◎減速

・相場の勢いがなくなる。トレンド反転の予兆
・ジリジリと下がって、あるラインを超えると一気に売られるケースが多い

②時間の見方

◎時間論の概念

・価格は「時間」があってこそ変動する。つまり、チャート上における縦軸だけを分析するのではなく、横軸も合わせて分析（日柄分析＝経過時間）することが重要
・ほとんどのテクニカル分析は経過時間を考慮していない

◎「値幅」と「時間」の均衡点

・「計算値（後述）」による目標値段は、単純にその値段を達成したか、していないかだけでは意味がない
・時間と照らし合わせ、「値幅」と「時間」との均衡点を捉えたときに、その威力を発揮する。つまり、重要となる日柄（時間帯）に重要となる値段を付けているかどうかが大事

◎日柄分析

　一目均衡表の日柄分析とは、相場の時間の中に重要なポイントを見つけ出すことで変化日を予測していくこと。

◎変化日の決まり方

　変化日は、波動を把握したうえで、「基本数値」と「対等数値」によって決まる。重要な日柄からの基本数値・対等数値等が重なる日が重要な変化日。

③価格変動の見方

◎計算値

相場の動き（波動）を参考に今後の目標値を算出する予測方法（予想ではない）。単なる上値予想や下値予想とは本質的に異なる。

◎注意点

予測値段であって、その値段で必ず転換するものではない。あくまでも目標値段として設定し、その日柄、その価格に対して相場がいかに変化してきているのかを掴むことが大事。

◎計算値の種類

E計算値、N計算値、V計算値、NT計算値の4つの種類がある。

あとがき

　皆さん、ここまでお読みいただき、本当にありがとうございます。45年間、私は投資教育に携わり、無数のチャートを分析し、数多くの市場の波を乗り越えてきました。その経験のすべてを、この本に注ぎ込みました。皆さんがこの本を通じて得た知識と洞察が、これからの投資生活において大いに役立つことを、心から願っています。

　投資の世界は常に変化し、時に予測不可能な出来事が私たちを待ち受けています。しかし、だからこそチャート分析は、私たちに冷静さと客観性を与えてくれる頼もしい道具となるのです。例えば、私は過去に幾度も市場の急激な変動を経験しましたが、その度にチャート分析が私を助け、最適な判断を下すことができました。これがなければ、私は今ここにいることはなかったでしょう。

　また、投資を通じて多くの素晴らしい仲間や経験に出会うことができました。チャート分析は、単に投資の技術を磨くだけでなく、自分自身を磨く道でもあります。リスクを理解し、感情に流されず、冷静に状況を判断する力。それは、投資に限らず、人生全般においても非常に重要なスキルです。

　この本が皆さんにとって、新たな一歩を踏み出すきっかけとなり、投資の旅をより豊かに、そして充実したものにしてくれることを願ってやみません。45年間の経験をもとに、私はこれからも皆さんと共に学び続け、成長し続けたいと思っています。投資はひとりではなく、共に歩む仲間と共に成功を目指すものです。

363

皆さんのこれからの投資人生が、成功と喜びに満ちたものとなることを心から祈っています。また、この本がその一助となることを、私は確信しています。

　未来は常に私たちの前に広がっています。これからも共に学び、成長し、そして成功を手に入れましょう。

2024 年　9 月吉日　小次郎講師

真・チャート分析大全
王道のテクニカル＆中間波動編

読者限定特典

購入者全員にプレゼント！

TradingView で使える

小次郎講師
オリジナルインジケーター
コジピボ

株版 **FX版** **先物版**

このインジケーターを使うことで、
本著の第5章で説明している手法を再現できます。

以下のURLまたはQRコードにアクセスして
特典をお受け取りください。

https://info.kojirokousi.com/op/s5kgvp/

■著者紹介：小次郎講師（本名：手塚宏二）

プロの投資家として常にマーケットと対峙し 40 年以上の投資キャリアを持つ傍ら、チャート分析の第一人者として、投資セミナー、書籍、YouTube などを通じて個人投資家向けの投資教育活動を精力的に展開している。これまでに対面で教えた受講生だけでも数千人を超え、門下生からは専業トレーダーを多数輩出するなど、投資界において圧倒的な人気を博している。代表的な手法には「移動平均線大循環分析」「大循環 MACD」「大循環ストキャス」などがある。

■受賞歴
◎コラム
　みんなの株式「みんコモコラムアワード 2013/2014」2 年連続受賞
◎書籍
　・パンローリング
　　『真・トレーダーズバイブル』
　　　「ブルベア大賞 2015」準大賞受賞
　　　「ブルベア大賞 2016」大賞受賞
　　　「ブルベア大賞 2017 /2018」特別賞受賞
　　　「ブルベア大賞 2019」準大賞受賞
　　『真・チャート分析大全』
　　　「ブルベア大賞 2020」準大賞 受賞
　・Amazon 証券・金融市場売れ筋ランキング 2018 年 ベストセラー第 1 位
　　『儲かる！相場の教科書 移動平均線 究極の読み方・使い方 』

■著書
『数字オンチあやちゃんと学ぶ、稼げるチャート分析の授業』／総合法令出版
『めちゃくちゃ売れているマネー誌 ZAI が作った商品先物取引入門 目からウロコのチャート分析編』／ダイヤモンド社
『真・トレーダーズバイブル』／パンローリング株式会社
『儲かる！相場の教科書 移動平均線 究極の読み方・使い方 (儲かる！相場の教科書)』／日本実業出版社
『真・チャート分析大全』／パンローリング株式会社
『世界一わかりやすい投資の勝ち方』／総合法令出版
『大循環ストキャス 短期トレード入門 株投資で着実に儲け続ける！』／日本実業出版社

■著者紹介：神藤将男（しんどう　まさお）

1971 年 (昭和 46 年) 大阪府生まれ、同志社大学商学部卒業。国際テクニカルアナリスト連盟認定テクニカルアナリスト。

金融関連企業に 23 年間従事した後、独自の視点でチャート分析をもとに相場をはる現役のトレーダーである一方、手塚宏二事務所のチーフストラテジストとして小次郎講師からチャート分析の相談を受けるほど絶大な信頼を得ている。

オンラインチャートツール TradingView で自身の見解を投稿するアイデアが話題となり、現在では月刊情報雑誌「FX 攻略 .com」にて人気連載コーナーを持つなど、個人投資家向けの情報を積極的に発信している。

本書の感想をお寄せください。

お読みになった感想を下記サイトまでお送りください。
書評として採用させていただいた方には、
弊社通販サイトで使えるポイントを進呈いたします。

https://www.panrolling.com/execs/review.cgi?c=wb

2024年10月4日 初版第1刷発行

現代の錬金術師シリーズ (177)

テクニカル指標が持つ「意味」を真に学び、
状況に応じて奥義を使いこなせる達人を目指す
真・チャート分析大全 〜王道のテクニカル&中間波動編〜
──冷静かつ最適なトレード判断を下すための普遍的指南書

著　　者	小次郎講師 ／ 神藤将男
発 行 者	後藤康徳
発 行 所	パンローリング株式会社
	〒 160-0023　東京都新宿区西新宿 7-9-18　6階
	TEL 03-5386-7391　FAX 03-5386-7393
	http://www.panrolling.com/
	E-mail　info@panrolling.com
装　　丁	パンローリング装丁室
組　　版	パンローリング制作室
印刷・製本	株式会社シナノ

ISBN978-4-7759-9194-7

落丁・乱丁本はお取り替えします。
また、本書の全部、または一部を複写・複製・転訳載、および磁気・光記録媒体に入力すること
などは、著作権法上の例外を除き禁じられています。

【免責事項】
本書で紹介している方法や技術、指標が利益を生む、あるいは損失につながることはないと仮定
してはなりません。過去の結果は必ずしも将来の結果を示すものではなく、本書の実例は教育的
な目的のみで用いられるものです。売買の注文を勧めるものではありません。

本文© Kojirokoushi／Shindo Masao　図表©Pan Rolling 2024 Printed in Japan

関連書

小次郎講師流 目標利益を安定的に狙い澄まして獲る
真・トレーダーズバイブル

小次郎講師【著】

定価 本体2,800円+税　ISBN:9784775991435

エントリー手法は、資金管理とリスク管理とセットになって、はじめてその効果を発揮する。

本書では、伝説のトレーダー集団「タートルズ」のトレードのやり方から、適切なポジション量を導き出す資金管理のやり方と、適切なロスカットをはじき出すリスク管理のやり方を紹介しています。どんなに優れたエントリー手法があったとしても、資金管理（適切なポジション量）とリスク管理（どこまでリスクを許容すべきか）が構築されていないと、その効果を十二分に発揮できません。何をすべきか（どういうトレードルールを作るべきか）。その答えを本書の中で明かしています。

小次郎講師流テクニカル指標を計算式から学び、その本質に迫る
真・チャート分析大全

小次郎講師【著】

定価 本体2,800円+税　ISBN:9784775991589

安定的に儲けるためにはチャート分析が不可欠である

チャート分析について勉強すると、すぐに「どこが買いポイント、どこが売りポイント」というところにばかり興味がいきます。しかし、それだけの研究はお勧めしません。
すべてのチャート分析手法、テクニカル指標は、過去の相場の達人たちの経験と知恵の結晶です。相場の先人たちが何をポイントに相場を見ていたのかを本書では学べます。

一流のトレードは、一流のツールから生まれる!
TradingView 入門
「使える情報」を中心にまとめた実戦的ガイドブック

向山勇【著】　TradingView-Japan【監修】

定価 本体2,000円+税　ISBN:9784775991848

全世界3500万人超が利用するチャートツールの入門書

"質"の高い情報が、あなたのトレードの"質"を高める実戦トレーディングビュー活用入門。株式、FX、金利、先物、暗号資産などあらゆる市場データにアクセスできる、投資アイデアを共有できるSNS機能など、無料で使える高機能チャートの徹底活用ガイド。インストール不要だから外出先ではスマホでも。また、株式トレーダーには企業のファンダメンタルズを表示できるのも嬉しい。

買い手と売り手の攻防の「変化」を察知し、トレンドの「先行期」をいち早くキャッチする天から底まで根こそぎ狙う
「トレンドラインゾーン」分析

野田尚吾【著】

定価 本体2,800円+税　ISBN:9784775991862

トレンドラインを平均化した面(ゾーン)なら、変化の初動に乗ってダマシを極力回避し、天から底まで大きな利益を狙える。

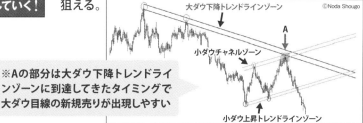

※Aの部分は大ダウ下降トレンドラインゾーンに到達してきたタイミングで大ダウ目線の新規売りが出現しやすい

マーケットをリードするロジックを探す
生き残るためのFX戦略書

ハリー武内【著】

定価 本体2,800円＋税　ISBN:9784775991886

「今、そしてこれから、マーケットをリードしているロジックは何か？」を常に考えて行動する

FX（外国為替）というと、「チャートだけで外国為替市場を見ていこう」と考えている方も多いですが、実際の所、それだけでは相場への理解も利益も幅が出ないと思います。頭でっかちに先読みするのではなく、タイムリーに（＝市場が動き出す直前や、動き出した直後に）市場についていけるようになることを目指すのです。これができるようになると、明日、来週の相場の解説が先に思い浮かぶような体験を、ときに感じることも可能になります。

統計学を使って永続的に成長する優良企業を探す
クオリティ・グロース投資入門

山本潤【著】

定価 本体2,200円＋税　ISBN:9784775991893

クオリティ・グロース銘柄でつくった "自分用のNISA"で値上がり益と配当の両方を手にする

今、20代や30代、40代の人たちにとっての「長期」とは、現実的に見て、10年、20年、30年という話だと思います。この限りある時間を将来の自分の資産形成のために有効に活用するうえでも、若い世代の方々には「すぐに投資を始めてほしい」と思います。なぜなら、長期投資の上手なコツは「早く始めて、長く保有する」ことにあるからです。少しでも自分にとって有利に働くように、少しでも早く始めてください。

株式関連書籍

稼げる投資家になるための 投資の正しい考え方
著者：上総介（かずさのすけ）

定価 本体1,500円+税　ISBN:9784775991237

投資の基本原則とは何か。陥りやすい失敗とは何か。攻撃するときの考え方とは何かなど、本書では、全6章30話からなる投資の正しい考え方を紹介しています。

投資家心理を読み切る 板読みデイトレード術
著者：けむ。

定価 本体2,800円+税　ISBN:9784775990964

板読み＝心理読み！の視点に立って、板の読み方や考え方だけではなく、もっと根本的な部分にあたる「負ける人の思考法」「勝つための思考法」についても前半部分で詳説。

生涯現役の株式トレード技術【生涯現役のための海図編】
著者：優利加

定価 本体2,800円+税　ISBN:9784775990285

数パーセントから5％の利益を、1週間から2週間以内に着実に取りながら"生涯現役"を貫き通す。そのためにすべきこと、決まっていますか？わかりますか？

「敵」と「自分」を正しく知れば1勝1敗でも儲かる株式投資
著者：角山智

定価 本体1,500円+税　ISBN:9784775991398

己を知らずに良い手法を使っても、効果は一時的なものになるでしょう。でも、自分の弱みを理解し、己に打ち勝つことができれば、継続的に手法の効果を実感できるでしょう。

株式関連書籍

矢口新の相場力アップドリル 株式編
著者：矢口新

あなたは次の問いに答えられますか？
A社が日経225に採用されたとします。このことをきっかけに相場はどう動くと思いますか？

定価 本体1,800円+税　ISBN:9784775990131

実需には量的な制限が、仮需には時間的な制限がある。自分で材料を判断し、相場観を組み立て売買につなげることができるようになる。

為替編　定価 本体1,500円+税　ISBN:9784775990124

矢口新のトレードセンス養成ドリル Lesson 1
著者：矢口新

相場力アップシリーズ③

あなたは次の問いに答えられますか？
利上げ観測のもと、円が上げ足を速めたので、日銀が100億ドル規模の円売りドル買いの市場介入を行いました。あなたがドル円の新規のポジションを取るとして、どのようなポジションが適切でしょうか？

① マーケットの動きに順張りし、円買いドル売りのポジションを取る
② 日銀の為替介入に順張りし、円売りドル買いのポジションを取る
③ 為替市場の動きを見極めるため、様子を見る

定価 本体1,500円+税　ISBN:9784775990643

相場の"基礎体力"を養うためのドリルです。基礎体力がしっかりしていれば、相場環境に右往左往することなく、上手に立ち回れます。

Lesson 2　定価 本体1,500円+税　ISBN:9784775990780

5段階で評価する テクニカル指標の成績表
著者：矢口新

5段階で評価する ★★★★
矢口新[著]

相場の勝ち負けはチャート分析選びで決まる

生き残りたければ、戦う前に負けるな！
相場はタイミングだ！タイミングさえ良ければ勝てるのだ。そして、タイミングを計るにはテクニカル指標が必要だ。著者である矢口新が考案した「エスチャート／S-chart」も本邦初公開。

定価 本体1,800円+税　ISBN:9784775990926

相場のタイミングを知るにはテクニカル指標が必要だ。それも、"使える"テクニカル指標が必要なのだ。著者が考案したテクニカル指標も本邦初公開。

超・株式投資 賢者のためのオプション取引
著者：KAPPA

オプション取引は、株式投資よりも優れた投資法である！
例えば…
① リスクを軽減しながら毎月キャッシュが入る
　現金確保プット売り　or　カバード・コール
② 資産効率が劇的に高くなる　LEAPSコール買い

定価 本体2,000円+税　ISBN:9784775991299

もし、あなたが株式投資の天才でないのなら、普通の株式投資は捨てましょう。その代わり、高機能な戦略を可能にする「オプション取引」で利益を出しましょう。

対TOPIX業種指数チャートの動きに乗る
個人投資家のための「市況株」短期トレード

浜本学泰【著】

定価 本体2,000円+税　ISBN:9784775991558

著者がファンドマネジャー時代に生み出し、当てまくった対TOPIX業種指数チャートの動きに乗るだけの、テクニカルの通用する業種での短期トレード

当てにいかずに、ただ、「動いた」という事実に乗るだけ。だから、結果として当たりやすくなります。それが市況株の短期トレードの醍醐味です。その有効性を、ぜひ試して、実感してみてください。

あなたのトレード判断能力を大幅に鍛える
エリオット波動研究

一般社団法人日本エリオット波動研究所【著】

定価 本体2,800円+税　ISBN:9784775991527

正しいエリオット波動を、正しく学ぶ

エリオット波動理論を学ぶことで得られるのは、「今の株価が波動のどの位置にいるのか(上昇波動や下落波動の序盤か中盤か終盤か)」「今後どちらの方向に動くのか(上昇か下落か)」「どの地点まで動くのか(上昇や下落の目標)」という問題に対する判断能力です。

エリオット波動理論によって、これまでの株価の動きを分析し、さらに今後の株価の進路のメインシナリオとサブシナリオを描くことで、それらに基づいた「効率良いリスク管理に優れたトレード戦略」を探ることができます。そのためにも、まずは本書でエリオット波動の基本をしっかり理解して習得してください。

ＦＸ関連書籍

FXで勝つための資金管理の技術
著者：伊藤彰洋、鹿子木健

定価 本体1,800円＋税　ISBN:9784775991701

「聖杯」のような絶対に勝てる手法はこの世に存在しませんが、あえて言うなら資金管理こそ聖杯です。この機会に、資金管理という技術を究めてはいかがでしょうか？

FXで成功するための「勝ちパターン」理論
著者：鹿子木健、伊藤彰洋

定価 本体1,800円＋税　ISBN:9784775991749

勝てない原因はトレード手法ではなかった。ボリンジャーバンドを使った、すぐに真似できる2つのトレード奥義を伝授。

三位一体のFXトレード理論
著者：坂井秀人

定価 本体1,800円＋税　ISBN:9784775991534

手法の発見、手法の証明、手法の稼働。この3つの一連の作業がトレードである。あなたが「発見」し、「稼働」させている手法は、正しいと「証明」されているか？

IQ162のMENSA会員が教えるFX自動売買の基礎と実践
著者：Trader Kaibe

定価 本体2,000円＋税　ISBN:9784775991770

皆が生活スタイルを模索している今こそ、お金に働いてもらうという「資産運用」のスタートを切るべきではないでしょうか？変わるチャンスは、目の前にあります。

投資(トレード)のやり方はひとつではない。
"百人百色"のやり方がある！

凄腕の投資家たちが赤裸々に語ってくれた、投資のやり方や考え方とはいかに……。

好評発売中

本書では、100人の投資家(トレーダー)が教えてくれた、トレードアイデアを紹介しています。
みなさんの投資(トレード)にお役立てください!!

百人百色の投資法 シリーズ全5巻

投資家100人が教えてくれたトレードアイデア集　JACK 著　各定価：本体 1,200円+税